FOUCAULT

Gilles Deleuze

FOUCAULT

Tradução:
Claudia Sant'Anna Martins

Revisão da tradução:
Renato Janine Ribeiro

São Paulo
editora brasiliense

Copyright © by Éditions de Minuit, 1986
Título original: Foucault
Copyright © da tradução brasileira: Editora Brasiliense S. A.

Nenhuma parte desta publicação pode ser gravada, armazenada em sistemas eletrônicos, fotocopiada, reproduzida por meios mecânicos ou outros quaisquer sem autorização prévia do editor.

1ª edição, 1988
10ª reimpressão, 2017

Diretor editorial: *Maria Teresa B. de Lima*
Editor: *Max Welcman*
Coordenação de Produção: *Laidi Alberti*
Revisão: *José W. S. Moraes*
Diagramação: *Formato Editoração e Serviços*

Dados Internacionais de catalogação na Publicação(CIP)
(Câmara Brasileira do Livro, SP, Brasil)

Deleuze, Gilles, 1942-1995
    Foucault / Gilles Deleuze; tradução Claudia Sant'Anna Martins; revisão da tradução Renato Ribeiro – São Paulo: Brasiliense, 2019.
    Título original: Foucault
    10ª reimpr. da 1ª ed. de 1988

    ISBN 978-85-11-12050-9

    1. Foucault, Michael, 1926-1984 I. Título.

04-8060   CDD-194

Índices para catálogo sistemático:
1. Filosofia francesa 194
2. Filósofos franceses: Biografia e obra 194

editora brasiliense ltda
Rua Antônio de Barros, 1720 – Tatuapé
CEP 03401-001 – São Paulo – SP
www.editorabrasiliense.com.br

A Daniel Defert

Índice

Prefácio 9

DO ARQUIVO AO DIAGRAMA
Um novo arquivista (*Arqueologia do Saber*) 13
Um novo cartógrafo (*Vigiar e Punir*) 31

TOPOLOGIA: "PENSAR DE OUTRA FORMA"
Os estratos ou formações históricas: o visível e o enunciável (saber) 53
As estratégias ou o não estratificado: o pensamento do lado de fora (poder) 73
As dobras ou o lado de dentro do pensamento (subjetivação) 95

ANEXO
Sobre a morte do homem e o super-homem 125

Sobre o autor 135

Prefácio

Aqui estão reunidos seis estudos relativamente independentes. *História da Loucura* e *Raymond Roussel* foram publicados inicialmente na revista *Critique*, nºs 274 e 343. Aqui estão modificados e aumentados.

Os textos de Michel Foucault são citados sob as seguintes abreviaturas:

HL: *História da Loucura*, São Paulo, Perspectiva, 1978, trad. José Teixeira Coelho Netto.

NC: *O Nascimento da Clínica*, Rio de Janeiro, Forense Universitária, 1980, 2. ed., trad. Roberto Machado.

PC: *As Palavras e as Coisas*, São Paulo, Martins Fontes. 1981. 2. ed., trad. Salma Tannus Muchail.

AS: *A Arqueologia do Saber*, Petrópolis, Vozes, 1972, trad. Luiz Felipe Baeta Neves, revisão de Lígia Vassalo.

NGH: *Nietzsche, a Genealogia e a História*, trad. Marcelo Catan, in *Microfísica do Poder*, Rio de Janeiro, Graal, 1979, org. e trad. Roberto Machado.

EPR: *Eu, Pierre Rivière...*, Rio de Janeiro, Graal, 1982, 2. ed., trad. Denize Lezan de Almeida, revisão técnica de Georges Lamazière.

VP: *Vigiar e Punir*, Petrópolis, Vozes, 1977, trad. Lígia M. Pondé Vassalo.

V.S: *A Vontade de Saber* (História da Sexualidade I), Rio de Janeiro, Graal, 1982, 4. ed., trad. Maria Thereza da Costa Albuquerque e J. A. Guilhon Albuquerque.

UP: *O Uso dos Prazeres* (História da Sexualidade II), Rio de Janeiro, Graal, 1984, trad. Maria Thereza da Costa Albuquerque, revisão técnica de José Augusto Guilhon Albuquerque.

CS: *O Cuidado de Si* (História da Sexualidade III), Rio de Janeiro, Graal, 1985, trad. Maria Thereza da Costa Albuquerque, revisão técnica de José Augusto Guilhon Albuquerque.

Os textos não traduzidos em português são citados pela tradução do título:

RR: *Raymond Roussel*, Gallimard, 1963.

PLF: "O Pensamento do Lado de Fora" ("La Pensée du Dehors"), *Critique*, junho de 1966.

QA: "Que é um Autor?" ("Qu'est-ce qu'un Auteur?"), *Bulletin de la Société Française de Philosophie*, 1969.

GL: Prefácio a *A Gramática Lógica* (*La Grammaire Logique*), de Jean-Pierre Brisset, Tchou, 1970.

OD: *A Ordem do Discurso* (*L'Ordre du Discours*), Gallimard, 1971.

INP: *Isto não é uma Pipa* (*Ce n'est pas une Pipe*), Fata Morgana, 1973.

VHI: "A Vida dos Homens Infames" ("La Vie des Hommes Infâmes"), *Les Cahiers du Chemin*, 1977.

De Fernand Braudel é citada a obra *Civilização Material e Capitalismo*, Lisboa/Rio de Janeiro, Cosmos, 1970, trad. Maria Antonieta Magalhães Godinho.

Os números das páginas mencionados no texto se referem às edições originais em francês.

DO ARQUIVO AO DIAGRAMA

Um novo arquivista
(*Arqueologia do Saber*)

Um novo arquivista foi nomeado na cidade. Mas será que foi mesmo nomeado? Ou agiria ele por sua própria conta? As pessoas rancorosas dizem que ele é o novo representante de uma tecnologia, de uma tecnocracia estrutural. Outros, que tomam sua própria estupidez por inteligência, dizem que é um epígono de Hitler, ou, pelo menos, que ele agride os direitos do homem (não lhe perdoam o fato de ter anunciado a "morte do homem").[1] Outros dizem que é um farsante que não consegue apoiar-se em nenhum texto sagrado e que mal cita os grandes filósofos. Outros, ao contrário, dizem que algo de novo, de profundamente novo, nasceu na filosofia, e que esta obra tem a beleza daquilo que ela mesma recusa: uma manhã de festa.

De qualquer forma, tudo começa como numa história de Gogol (mais do que de Kafka). O novo arquivista anuncia que só vai se ocupar dos enunciados. Ele não vai tratar daquilo que era, de mil maneiras, a preocupação dos arquivistas anteriores: as proposições e as frases. Ele vai negligenciar a hierarquia vertical das proposições, que se dispõem umas sobre as outras, e também a lateralidade das frases, onde cada uma parece responder a outra. Móvel, ele se instalará numa espécie de diagonal, que tornará legível o que não podia ser apreendido de nenhum outro lugar, precisamente os enunciados. Uma lógica atonal? É normal que sintamos uma certa inquietude. Pois o arquivista, de propósito, não dá exemplos. Considera que já os deu em grande número há tempos, embora ele próprio não soubesse, naquele instante, que eram exemplos. Agora, o único exemplo formal que ele analisa é lançado propositalmente para inquietar: uma série de letras que eu traço ao acaso, ou copio na

---

[1] Depois da publicação de *PC*, um psicanalista realizou uma longa análise aproximando esse livro de *Mein Kampf*. Em tempos mais recentes, esse papel passou a ser assumido por aqueles que opõem a Foucault os direitos do homem...

ordem em que aparecem no teclado de uma máquina de escrever: "o teclado de uma máquina de escrever não é um enunciado; mas essa mesma série de letras: A, Z, E, R, T, enumerada em um manual de datilografia, é o enunciado da ordem alfabética adotada pelas máquinas francesas".[2]* Essas *multiplicidades* não têm nenhuma construção linguística regular; são, no entanto, enunciados. Azert? Habituados aos outros arquivistas, cada um de nós se pergunta como, nessas condições, ele é capaz de produzir enunciados.

Ainda mais que Foucault explica que os enunciados são, essencialmente, *raros*. Não apenas de fato, mas de direito: eles são inseparáveis de uma lei e de um efeito de raridade. É, inclusive, uma das características que fazem com que eles se oponham às proposições e às frases. Pois, proposições, podemos conceber quantas quisermos, tantas quanto pudermos exprimir umas "sobre" as outras conforme a distinção dos tipos; e a formalização como tal não tem de distinguir o possível e o real, ela amplia o número de proposições possíveis. Quanto ao que é realmente dito, sua raridade *de facto* deve- se a que uma frase nega, impede, contradiz ou recalca outras frases – de tal modo que cada frase ainda se amplia com tudo aquilo que não diz, com um conteúdo virtual ou latente que multiplica seu sentido e que se oferece à interpretação, formando um "discurso oculto", verdadeira riqueza de direito. Uma dialética das frases está sempre submetida à contradição, mesmo que apenas para superá-la ou aprofundá-la; uma tipologia das proposições está submetida à abstração, que faz corresponder a cada nível um tipo superior a seus elementos. Mas a contradição e a abstração são os processos de proliferação das frases e das proposições, tal como a possibilidade de opor sempre uma frase a outra frase, ou de formular mais uma proposição sobre outra proposição. Os enunciados, ao contrário, são inseparáveis de um espaço de raridade, no qual se distribuem segundo um princípio de parcimônia ou, mesmo, de déficit. Não há possível nem virtual no domínio dos enunciados; nele tudo é real, e nele toda realidade está manifesta: importa apenas o que foi formulado, ali, em dado momento, e com tais lacunas, tais brancos. É certo, entretanto, que os enunciados podem se opor e se hierarquizar em níveis. Mas, em dois capítulos, Foucault mostra com rigor que as contradições de enunciados só existem devido a uma distância positiva mensurável no

---

[2] *AS*, 114.
* O equivalente ao Q, W, E, R, T, nas máquinas brasileiras. (N. E.)

espaço da raridade, e que as comparações entre enunciados se referem a uma diagonal móvel que permite, nesse espaço, confrontar diretamente um mesmo conjunto em níveis diferentes, mas, também, escolher diretamente num mesmo nível certos conjuntos sem levar em conta outros que, no entanto, fazem parte dele (e que suporiam uma outra diagonal).³ É o espaço rarefeito que permite esses movimentos, esses transportes, essas dimensões e recortes inusitados, essa "forma lacunar e retalhada" que nos faz estranhar, quanto aos enunciados, não só que poucas coisas sejam ditas, mas que "poucas coisas *possam* ser ditas".⁴ Quais serão as consequências dessa transcrição da lógica no elemento da raridade ou da dispersão, que nada tem a ver com o negativo, e forma, ao contrário, a "positividade" característica dos enunciados?

Mas Foucault mostra-se, também, mais tranquilizador: se é verdade que os enunciados são raros, em sua essência raros, por outro lado não há necessidade de ser original para produzi-los. Um enunciado sempre representa uma emissão de singularidades, de pontos singulares que se distribuem num espaço correspondente. As formações e transformações desses mesmos espaços levantam, como veremos, problemas topológicos que não se exprimem adequadamente em termos de criação, começo ou fundamento. Por uma razão ainda mais forte, num espaço considerado, pouco importa que uma emissão esteja sendo feita pela primeira vez ou seja uma repetição, uma reprodução. O que conta é a *regularidade* do enunciado: não uma média, mas uma curva. O enunciado, com efeito, não se confunde com a emissão de singularidades que ele supõe, mas com o comportamento da curva que passa na vizinhança delas, e mais geralmente com as regras do campo em que elas se distribuem e se reproduzem. É isso que é uma regularidade enunciativa. "A oposição originalidade-banalidade não é, então, pertinente: entre uma formulação inicial e a frase que, anos, séculos mais tarde, repete-a mais ou menos exatamente, (a descrição arqueológica) não estabelece nenhuma hierarquia de valor; não faz diferença radical. Procura, somente, estabelecer a regularidade dos

---

³ AS, IV parte. cap. 3 e 4. Foucault observa que, em *MC*, está interessado nas três formações de mesmo nível – História Natural, Análise das Riquezas, Gramática Geral –, mas que poderia ter considerado outras formações (critica bíblica, retórica, história...), com a possibilidade de descobrir "uma rede interdiscursiva que não se superporia à primeira, mas a cruzaria em alguns de seus pontos". (208)
⁴ AS, 157.

enunciados."⁵ A questão da originalidade é ainda menos pertinente, já que a questão da origem é – de todo – impertinente. Não é necessário ser alguém para produzir um enunciado, e o enunciado não remete a nenhum *cogito*, nem a algum sujeito transcendental que o tornasse possível, nem sequer um Eu que o pronunciasse pela primeira vez (ou o recomeçasse), nem Espírito do Tempo a conservá-lo, propagá-lo e recortá-lo.⁶ Existem, é claro, "lugares" do sujeito para cada enunciado, por sinal bastante variáveis. Mas precisamente porque o enunciado é o objeto específico de um acúmulo através do qual ele se conserva, se transmite ou se repete. O acúmulo é como a constituição de um estoque, não é o contrário da raridade, mas efeito dessa mesma raridade. Por isso, substitui as noções de origem, e de retorno à origem: tal como a memória bergsoniana, o enunciado se conserva em si, em seu espaço, e vive enquanto esse espaço durar ou for reconstituído.

Em torno de um enunciado, devemos distinguir três círculos, como três fatias de espaço. *Em primeiro lugar, um espaço colateral*, associado ou adjacente, formado por outros enunciados que fazem parte do mesmo grupo. A questão de saber se é o espaço que define o grupo ou se, ao contrário, o grupo de enunciados é que define o espaço tem pouco interesse. Não há espaço homogêneo indiferente aos enunciados, nem enunciados sem localização, os dois se confundem ao nível das regras de formação. O importante é que essas regras de formação não se deixam reduzir nem a axiomas, como acontece com as proposições, nem a um contexto, como as frases. As proposições remetem verticalmente a axiomas de nível superior, que determinam as constantes intrínsecas e definem um sistema homogêneo. É, inclusive, uma das condições da linguística: estabelecer tais sistemas homogêneos. Quanto às frases, elas podem ter um de seus membros num sistema, outro em outro sistema, em função de variáveis exteriores. Bem diferente é o que se passa com o enunciado: ele é inseparável de uma variação inerente pela qual nunca estamos em um sistema, jamais paramos de passar de um sistema ao outro (mesmo no interior de uma mesma língua). O enunciado não é lateral nem vertical, ele é transversal, e suas regras são do mesmo nível que ele. Talvez Foucault e Labov estejam próximos um do outro, especialmente quando Labov mostra como um jovem negro não para de passar de um sistema *black English* para um sistema "americano

---

⁵ AS, 188 (e, sobre a assimilação enunciado-curva, 109).
⁶ AS, 207 (especialmente a crítica à Weltanschauung).

standard" e vice-versa, sob regras *variáveis ou facultativas* que permitem definir regularidades, não homogeneidades.[7] Mesmo quando parecem operar dentro de uma mesma língua, os enunciados de uma formação discursiva passam da descrição à observação, ao cálculo, à instituição, à prescrição, e também por um número equivalente de sistemas ou de línguas.[8] O que "forma" um grupo ou uma família de enunciados são, então, as regras de passagem ou de variação, de mesmo nível, que fazem da "família" como tal um meio de dispersão e de heterogeneidade, o contrário de uma homogeneidade dos enunciados heterogêneos aos quais se liga através de regras de passagem (vetores). E não é apenas dessa forma que cada enunciado é inseparável de uma multiplicidade "rara" e regular ao mesmo tempo; cada enunciado é uma multiplicidade: uma multiplicidade e não uma estrutura ou um sistema. Topologia dos enunciados, que se opõe à tipologia das proposições e à dialética das frases. Acreditamos que um enunciado, uma família de enunciados, uma formação discursiva, segundo Foucault, define-se antes de mais nada por linhas de variação inerente ou por um campo de vetores que se distribuem no espaço associado: é o enunciado como *função primitiva*, ou o primeiro sentido de "regularidade".

A segunda fatia de espaço é o *espaço correlativo*, que não deve ser confundido com o associado. Desta vez, trata-se da relação do enunciado, não mais com outros enunciados, mas com seus sujeitos, seus objetos, seus conceitos. Existe a possibilidade de se descobrirem aqui novas diferenças entre o enunciado, por um lado, e, por outro, as palavras, as frases e as proposições. As frases, com efeito, remetem a um sujeito dito de enunciação, que parece ter o poder de fazer começar o discurso: trata-se do EU como pessoa linguística irredutível ao ELE, ainda que não seja explicitamente formulado, o "Eu" como *embrayeur*

---

[7] Cf. Labov, *Sociolinguistique*, Ed. de Minuit, 262-265. O que é essencial em Labov é a ideia de regras sem constante nem homogeneidade. Poderíamos invocar outro exemplo, mais próximo das pesquisas posteriores de Foucault: quando Krafft-Ebing faz a sua grande compilação das perversões sexuais, *Psychopathia sexualis*, as frases alemãs comportam segmentos em latim, desde que o objeto do enunciado se torna por demais cru. Há, perpetuamente, passagem de um sistema a outro nos dois sentidos. Dir-se-á que é por uma questão de circunstância ou de variáveis exteriores (pudor, censura); e é verdade, do ponto de vista da frase. Mas, do ponto de vista do enunciado, os enunciados de sexualidade em Krafft-Ebing são inseparáveis de uma variação propriamente inerente. Não seria difícil mostrar que todo enunciado se inclui nesse caso.
[8] *AS*, 48 (o exemplo dos enunciados médicos do século XIX).

ou *sui-referencial*. A frase é então analisada de um duplo ponto de vista: da constante intrínseca (a forma do Eu) e das variáveis extrínsecas (aquele que diz Eu vindo preencher a forma). Com o enunciado acontece justamente o contrário: ele não remete a uma forma única, mas a posições intrínsecas muito variáveis, que fazem parte do próprio enunciado. Por exemplo, se um enunciado "literário" remete a um autor, uma carta anônima remete também a um autor, mas num sentido totalmente diferente, e uma carta comum remete a um signatário, um contrato remete a um fiador, um cartaz a um redator, uma coletânea a um compilador...[9] Ora, tudo isso faz parte do enunciado, embora não faça parte da frase: é uma *função derivada* da primitiva, uma função derivada do enunciado. A relação entre o enunciado e um sujeito variável constitui ela mesma uma variável intrínseca do enunciado.

"Durante muito tempo costumava deitar-me cedo...": a frase é a mesma, mas o enunciado não é o mesmo, conforme se refira a um sujeito qualquer ou ao autor Proust, que começa assim a *Busca** e que a atribui a um narrador. Por mais razões ainda, então, um mesmo enunciado pode ter várias posições, vários lugares de sujeito: um autor e um narrador, ou até um signatário e um autor, como no caso de uma carta de Madame de Sévigné (o destinatário não sendo o mesmo nos dois casos), ou mesmo um narrador e um narrado, como no discurso indireto (e, sobretudo, no discurso indireto livre, no qual as duas posições do sujeito se insinuam uma dentro da outra). Mas todas essas posições não são aspectos de um Eu primordial, do qual o enunciado derivaria: ao contrário, elas derivam do próprio enunciado. Nessa categoria estão os modos de uma "não pessoa", de um "ELE" ou de um "SE", "Ele diz", "Diz-se", que se especifica segundo a família de enunciados. Foucault junta-se a Blanchot, que denuncia toda "personologia" linguística e situa os lugares do sujeito na espessura de um murmúrio anônimo. É no murmúrio sem começo nem fim que Foucault pretende se estabelecer, no lugar que os enunciados lhe reservam.[10] E talvez sejam esses os enunciados mais comoventes de Foucault.

---

[9] QA, 83. E AS, 121-126 (especialmente o caso dos enunciados científicos).
* Em *Busca do Tempo Perdido*, de Marcel Proust. (N. T.)
[10] É o que ocorre no começo de *OI*). O "diz-se", em Foucault, apresenta-se em *PC* como "o ser da linguagem" e em *AS* como "Há linguagem". Podemos nos reportar aos textos de Blanchol sobre o "ele" (especialmente *La part du feu*, Gallimard, 29) e o "se" (especialmente *L'Espace Littéraire*. Gallimard, 160-161).

Dir-se-á o mesmo quanto aos objetos e conceitos do enunciado. Supõe-se que uma proposição tenha um referente. Quer dizer, a referência ou a intencionalidade é uma constante intrínseca da proposição, enquanto o estado de coisas que vem (ou não) preenchê-la é uma variável extrínseca. Mas não ocorre o mesmo com o enunciado: este tem um "objeto discursivo" que não consiste de modo algum num estado de coisas visado, mas, ao contrário, deriva do próprio enunciado. É um objeto derivado que se define precisamente no limite das linhas de variação do enunciado como função primitiva. Por isso, de nada serve distinguir diferentes tipos de intencionalidade, dos quais alguns poderiam ser preenchidos por estados de coisas e outros permaneceriam vazios – sendo, nesse caso, fictícios ou imaginários em geral (eu encontrei um unicórnio) ou, mesmo, absurdos em geral (um círculo quadrado). Sartre dizia que, diferentemente dos elementos hipnagógicos constantes e do mundo comum da vigília, cada sonho, cada imagem de sonho tem seu mundo específico.[11] Os enunciados de Foucault são como sonhos: cada um tem seu objeto próprio ou se cerca de um mundo. Assim, "A montanha de ouro está na Califórnia" é um enunciado – não há referente, mas não é suficiente invocar uma intencionalidade vazia na qual tudo é permitido (a ficção em geral). Esse enunciado, "A montanha de ouro ...", tem um objeto discursivo, a saber, o mundo imaginário determinado que "autoriza ou não semelhante fantasia geológica e geográfica" (compreenderemos melhor se invocarmos "um diamante grande como o Ritz", que não remete à ficção em geral, mas ao mundo bem particular que cerca um enunciado de Fitzgerald, em sua relação com outros enunciados do mesmo autor que constituem uma "família").[12] Enfim, a mesma conclusão vale para os conceitos: uma palavra tem um conceito como significado, isto é, como variável extrínseca, à qual se refere em virtude de seus significantes (constante intrínseca). Mas também nisso o enunciado é diferente. Ele possui conceitos, ou melhor, "esquemas" discursivos próprios, no entrecruzamento dos sistemas heterogêneos pelos quais passa como função primitiva: por exemplo, os grupamentos e distinções variáveis de sintomas nos enunciados médicos, numa época ou noutra ou em

---

[11] Sartre, *L'Imaginaire*. Gallimard, 322-323.
[12] *AS*, 118 (A montanha de ouro...).

19

certa formação discursiva (é o caso da mania no século XVII, e depois, no XIX, da emergência da monomania...).[13]

Se os enunciados se distinguem das palavras, frases e proposições é porque eles englobam, como seus derivados, tanto as funções de sujeito como as de objeto e de conceito. Precisamente: sujeito, objeto, conceito são apenas funções derivadas da primitiva ou do enunciado. Assim, o espaço correlativo é a ordem discursiva dos lugares ou posições dos sujeitos, dos objetos e dos conceitos numa família de enunciados. Ê esse o segundo sentido de "regularidade": esses diversos lugares representam pontos singulares. Ao sistema de palavras, frases e proposições, que procede por constante intrínseca e variável extrínseca, opõe-se então a multiplicidade dos enunciados, que procede por variação inerente e por variável intrínseca. O que parece acidente, do ponto de vista das palavras, das frases e das proposições, torna-se regra, do ponto de vista dos enunciados. Foucault funda, assim, uma nova pragmática.

Resta a terceira fatia de espaço, que é extrínseca: é o *espaço complementar*, ou de formações não discursivas ("instituições, acontecimentos políticos, práticas e processos econômicos"). Com base nesse ponto, Foucault já esboça a concepção de uma filosofia política. Uma instituição comporta ela mesma enunciados, por exemplo, uma constituição, uma carta, contrato, inscrições e registros. Inversamente, os enunciados remetem a um meio institucional sem o qual os objetos surgidos nesses lugares do enunciado não poderiam ser formados, nem o sujeito que fala de tal lugar (por exemplo, a posição do escritor numa sociedade, a posição do médico no hospital ou em seu consultório, em determinada época, e o surgimento de novos objetos). Mas aí também seria grande a tentação de estabelecer, entre as formações não discursivas de instituições e as formações discursivas de enunciados, uma espécie de paralelismo vertical – como entre duas expressões, uma simbolizando a outra (relações primárias de expressão) – ou uma causalidade horizontal, segundo a qual os acontecimentos e instituições determinariam os homens enquanto supostos autores de enunciados (relações secundárias de reflexão). A diagonal impõe, porém, um terceiro caminho: *relações discursivas com os meios não discursivos*, que não são em si mesmos internos nem externos ao grupo de enunciados, mas que constituem o

---

[13] Sobre os "esquemas pré-conceituais", *AS*, 80-81. Sobre o exemplo das doenças de loucura, sua divisão no século XVII, cf. *HL*, 2ª parte; a emergência da monomania no século XIX. *EPR*.

limite de que falávamos há pouco, o horizonte determinado sem o qual tais objetos de enunciados não poderiam aparecer, nem tal lugar ser reservado dentro do próprio enunciado. "Não, claro, que seja a prática política que desde o começo do século XIX teria imposto à medicina novos objetos, como as lesões dos tecidos orgânicos ou as correlações anátomo-patológicas; mas ela abriu novos campos de demarcação dos objetos médicos... massa da população administrativamente enquadrada e fiscalizada... grandes exércitos populares... instituições de assistência hospitalar, em função das necessidades econômicas da época e da posição recíproca das classes sociais. Essa relação da prática política com o discurso médico também vemos nascer no estatuto dado ao médico..."[14]

Já que a distinção original-banal não é pertinente, é característica do enunciado poder ser *repetido*. Uma frase pode ser recomeçada ou reevocada, uma proposição pode ser reatualizada, só "o enunciado tem a particularidade de poder ser repetido".[15] No entanto, aparentemente as condições reais da repetição são bastante estritas. É preciso que haja o mesmo espaço de distribuição, a mesma repartição de singularidades, a mesma ordem de locais e de posições, a mesma relação com um meio instituído: tudo isso forma para o enunciado uma "materialidade" que o faz repetível. "As espécies evoluem" não é o mesmo enunciado quando formulado na história natural do século XVIII e na biologia do século XIX. E mesmo de Darwin a Simpson não é certo que o enunciado permaneça o mesmo, pois a descrição poderá enfatizar unidades de medida, de distância e distribuição, e até instituições, completamente diferentes. Um mesmo *slogan*, "O lugar dos loucos é no hospício!", pode pertencer a formações discursivas completamente distintas, conforme proteste, como no século XVIII, contra a confusão dos presos com os loucos; ou reclame, ao contrário, como no século XIX, asilos que separem os loucos dos presos; ou, ainda, se for levantada, hoje, contra uma evolução do meio hospitalar.[16] Objetar-se-á que Foucault se limita a requintar análises já bem clássicas que tratam do *contexto*. Mas isso seria desconhecer a novidade dos critérios que ele instaura, mostrando, precisamente, que se pode dizer uma frase ou formular uma proposição sem que se ocupe sempre o mesmo lugar no enunciado correspondente, e sem reproduzir as mesmas singularidades. E, se somos levados a denunciar as falsas

---

[14] *AS*, 212-214 (e 62-63).
[15] *AS*, 138.
[16] *HL*, 417-418.

repetições determinando a formação discursiva à qual pertence um enunciado, descobriremos, em compensação, fenômenos de isomorfismo ou de isotopia entre formações distintas.[17] Quanto ao contexto, ele nada explica, porque sua natureza varia conforme a formação discursiva ou a família de enunciados considerados.[18]

Se a repetição dos enunciados tem condições tão estritas, não é em virtude de condições exteriores, mas da materialidade interna que faz da própria repetição a força característica do enunciado. É que um enunciado se define sempre através de uma relação específica com uma *outra coisa* de mesmo nível que ele, isto é, uma outra coisa que concerne a ele próprio (e não a seu sentido ou seus elementos). Esta "outra coisa" pode ser um enunciado, caso em que o enunciado se repete abertamente. Mas, no limite, ele é necessariamente outra coisa que não um enunciado: é um "Lado de Fora". É a pura emissão de singularidades como pontos de indeterminação, pois elas ainda não estão determinadas e especificadas pela curva do enunciado que as une e que assume esta ou aquela forma à sua proximidade. Foucault mostra então que uma curva, um gráfico, uma pirâmide são enunciados, mas o que eles representam não é um enunciado. Assim como as letras que copio, AZERT, são um enunciado, embora essas mesmas letras, no teclado, não o sejam.[19] Vê-se, nesse caso, uma repetição secreta animar o enunciado, e o leitor reencontra um tema que inspirou as mais belas páginas de *Raymond Roussel*, sobre "a ínfima diferença que, paradoxalmente, induz a identidade". O enunciado é em si mesmo repetição, embora o que ele repete seja "outra coisa" – que pode, contudo, "ser-lhe estranhamente semelhante e quase idêntica". Então, o maior problema para Foucault seria saber em que consistem essas singularidades que o enunciado supõe. Mas *A Arqueologia* para aí, e não trata ainda desse problema, que ultrapassa os limites do "saber". Os leitores de Foucault adivinham que se trata de um novo domínio, o do poder enquanto está combinado com o saber. São os livros seguintes que vão explorá-lo. Mas já pressentimos que AZERT. no teclado, é um conjunto de focos de poder; um conjunto de relações de força entre as letras do alfabeto na língua francesa, segundo suas frequências, e os dedos da mão, segundo suas aberturas.

---

[17] *AS*, 210.
[18] *AS*, 129 (rejeição do contexto).
[19] *AS*, 114-117(c 109).

Em *As Palavras e as Coisas*, explica Foucault, não se trata de coisas nem de palavras. Nem tampouco de objeto ou de sujeito. Nem mesmo de frases ou proposições, de análise gramatical, lógica ou semântica. Longe de serem síntese de palavras e de coisas, longe de serem composições de frases e de proposições, os enunciados, ao contrário, são anteriores às frases ou às proposições que os supõem implicitamente, são formadores de palavras e de objetos. Em duas ocasiões Foucault confessa um arrependimento: na *História da Loucura*, ele apelou em demasia a uma "experiência" da loucura que se inscrevia, ainda, numa dualidade – entre dois estados de coisas selvagens e de proposições; em *O Nascimento da Clínica*, ele invocou um "olhar médico", que suporia ainda a forma unitária de um sujeito pretensamente fixo demais face a um campo objetivo. Todavia, seus arrependimentos talvez sejam fingidos. Não cabe lamentar o abandono do romantismo que fazia, em parte, a beleza da *História da Loucura*, em favor de um novo positivismo. Esse positivismo rarefeito, ele próprio poético, talvez resulte em reativar, na disseminação das formações discursivas ou de enunciados, uma experiência geral, que ainda é a da loucura; e, na variedade de lugares no seio dessas formações, um lugar móvel, que é ainda o de um médico, clínico, diagnosticador, sintomatologista das civilizações (independentemente de toda *Weltanschauung*). E qual é a conclusão da *Arqueologia*, senão um apelo a uma teoria geral das produções, que deve confundir-se com uma prática revolucionária, na qual o "discurso" agente se forma dentro de um "lado de fora" indiferente à minha vida e à minha morte? Pois as formações discursivas são verdadeiras práticas, e suas linguagens, em vez de um *logos* universal, são linguagens mortais, capazes de promover e, às vezes, exprimir mutações.

Eis o que é um grupo de enunciados, ou mesmo um enunciado sozinho: multiplicidades. Foi Riemann quem formou a noção de "multiplicidade", e de gêneros de multiplicidades, em conexão com a física e as matemáticas. A importância filosófica desse conceito aparece posteriormente em Husserl, na *Lógica Formal e Lógica Transcendental*, e em Bergson, no *Ensaio* (quando Bergson tenta definir a duração como um tipo de multiplicidade oposto às multiplicidades espaciais, mais ou menos como Riemann distinguia multiplicidades discretas e contínuas). Mas nessas duas vertentes o conceito abortou, ou porque a distinção de gêneros vinha ocultá-lo restaurando um simples dualismo, ou porque tendia a assumir o estatuto de um sistema axiomático. O essencial do conceito é, entretanto, a constituição de um substantivo tal que o "múltiplo" deixe de ser um predicado que se pode opor ao Um, ou que se pode atribuir a um sujeito referido como um. A multiplicidade permanece totalmente indiferente aos problemas tradicionais do múltiplo e do um e, sobretudo, ao problema de um sujeito que a condicionaria, pensaria, derivaria de uma origem, etc. Não há nem um nem múltiplo, o que seria remeter-nos, em qualquer caso, a uma consciência que seria retomada num e se desenvolveria no outro. Há apenas multiplicidades raras, com pontos singulares, lugares vagos para aqueles que vêm, por um instante, ocupar a função de sujeitos, regularidades acumuláveis, repetíveis e que se conservam em si. A multiplicidade não é axiomática nem tipológica, é topológica. O livro de Foucault representa o passo mais decisivo rumo a uma teoria- prática das multiplicidades. Esse é também, de outra maneira, o caminho que Maurice Blanchot toma, na sua lógica da produção literária: a ligação mais rigorosa entre o singular, o plural, o neutro e a repetição, de maneira a rejeitar de uma só vez a forma de uma consciência ou de um sujeito, e o sem- fundo de um abismo indiferenciado. Foucault não escondeu a proximidade que sentia em relação a Blanchot, nesse aspecto. E ele mostra que o cerne do debate atual reside não tanto no estruturalismo enquanto tal, na existência ou não de modelos e de realidades a que se dá o nome de estruturas, mas no lugar e estatuto que cabem ao sujeito dentro de dimensões que se supõe não estarem inteiramente estruturadas. Assim, enquanto se opõe diretamente a história à estrutura, pode-se pensar que o sujeito retém sentido enquanto atividade constituinte, recolhedora, unificadora. Mas isso já não vale quando passamos a considerar as "épocas" ou formações históricas enquanto multiplicidades. Estas escapam tanto ao reino do sujeito quanto ao império da estrutura. A estrutura é proposicional, tem um caráter axiomático assinalável num nível bem determinado, forma um sistema homogêneo – enquanto o enunciado é uma multiplicidade que atravessa os níveis, que "cruza um domínio de estruturas e de unidades possíveis e que as faz aparecer, com conteúdos concretos, no tempo e no espaço".[20] O sujeito é frásico ou dialético, tem o caráter de uma primeira pessoa com a qual começa o discurso –, enquanto o enunciado é uma função primitiva anônima, que só permite subsistir o sujeito na terceira pessoa e como função derivada.

A arqueologia se opõe às duas principais técnicas empregadas até agora pelos "arquivistas": a formalização e a interpretação. Os

---

[20] AS, 115. 259-266.

arquivistas saltaram muitas vezes de uma dessas técnicas a outra, recorrendo a ambas. Às vezes extraem da frase uma proposição lógica que funciona como seu sentido manifesto: ultrapassam assim o que é "inscrito" no rumo de uma forma inteligível, que por sua vez pode ser inscrita sobre uma superfície simbólica, mas que é, em si, de uma ordem diferente daquela da inscrição. Outras vezes, ao contrário, ultrapassam a frase no rumo de uma outra frase, à qual ela secretamente remeteria: duplicam assim o que está inscrito mediante outra inscrição, que talvez constitua um sentido oculto, mas que, antes de tudo, não inscreve a mesma coisa e não tem o mesmo conteúdo. Essas duas atitudes extremas indicam, na verdade, dois polos entre os quais oscilam a interpretação e a formalização (o que pode ser visto, por exemplo, na hesitação da psicanálise entre uma hipótese funcional-formal e a hipótese tópica de uma "dupla-inscrição"). Uma destaca um sobredito da frase, a outra um não dito. Daí o gosto da lógica em mostrar que é preciso distinguir, por exemplo, duas proposições numa mesma frase; e o gosto das disciplinas de interpretação em mostrar que uma frase comporta lacunas que precisam ser preenchidas. Parece então que é muito difícil, metodologicamente, ater-se ao que efetivamente é dito, *apenas à inscrição do que é dito*. Essa dificuldade vemos até mesmo (e sobretudo) na linguística, cujas unidades nunca são do mesmo nível que o que é dito.

Foucault proclama a legitimidade de um projeto bem diferente: chegar a essa simples inscrição do que é dito enquanto positividade do *dictum*, o enunciado. A arqueologia "não tenta contornar as *performances* verbais para descobrir atrás delas ou sob sua superfície aparente um elemento oculto, um sentido secreto que se esconde nelas ou aparece através delas sem dizê-lo; e, entretanto, o enunciado não é imediatamente visível; não se dá de forma tão manifesta quanto uma estrutura gramatical ou lógica (mesmo quando esta não está inteiramente clara, mesmo quando é muito difícil de se elucidar). *O enunciado, a um só tempo, não é visível e não é oculto*".[21] E, em páginas fundamentais, Foucault mostra que nenhum enunciado pode ter existência latente, já que se refere ao efetivamente dito; mesmo as lacunas ou brancos que nele existem não devem ser confundidos com significações ocultas, e

---

[21] AS, 14.1. Por exemplo, a história da filosofia concebida por Guéroult consiste em se ater a essa única inscrição, não visível e no entanto não oculta, sem recorrer à formalização nem à interpretação.

marcam apenas sua presença no espaço de dispersão que constitui a "família". Mas, inversamente, se é difícil chegar a essa inscrição de um mesmo nível do que é dito, é porque o enunciado não é imediatamente perceptível, sempre estando encoberto pelas frases ou pelas proposições. É preciso descobrir o seu "pedestal", poli-lo, e mesmo moldá-lo, inventá-lo. É preciso inventar, recortar o triplo espaço desse pedestal, e apenas numa multiplicidade em construção o enunciado pode se constituir como inscrição *simples* do que é dito. Apenas depois disso surge a questão de saber se as interpretações e formalizações já não supunham esta simples inscrição como condição prévia. Não é, com efeito, a inscrição do enunciado (o enunciado como inscrição) que será levada, em certas condições, a se desdobrar numa outra inscrição ou a se projetar numa proposição? Toda sobrescrição, toda subscrição remetem à inscrição única do enunciado em sua formação discursiva: monumento de arquivo, e não documento. "Para que a linguagem possa ser tomada como objeto, decomposta em níveis distintos, descrita e analisada, é preciso que haja um dado enunciativo que sempre será determinado e não infinito: a análise de uma língua sempre se efetua a partir de um *corpus* de falas e textos; a interpretação e explicitação das significações implícitas sempre repousam em um grupo delimitado de frases; a análise lógica de um sistema implica a reescrita, uma linguagem formal, ou conjunto dado de proposições."[22]

É isso o essencial do método concreto. Somos forçados a partir de palavras, de frases e de proposições. Só que as organizamos num *corpus* determinado, variável conforme o problema colocado. Esta já era a exigência da escola "distribucionalista", de Bloomfield ou Harris. Mas a originalidade de Foucault está na maneira pela qual determina, ele, os *corpus*: não é em função de frequências ou de constantes linguísticas, nem por conta de qualidades pessoais dos que falam ou escrevem (grandes pensadores, estadistas célebres, etc.). François Ewald tem razão em dizer que os *corpus* de Foucault são "discursos sem referência", e que o arquivista geralmente evita citar os grandes nomes.[23] É que ele não escolhe as palavras, as frases e as proposições de base segundo a estrutura, nem segundo um sujeito-autor de quem elas emanariam, mas segundo a simples função que exercem num conjunto: por exemplo, as regras

---

[22] AS, 146.
[23] François Ewald. "Anatomie et corps politiques". *Critique*, nº 343, dezembro de 1975, 1229-1230.

de internamento no caso do asilo, ou no da prisão; os regulamentos disciplinares, no exército, na escola. Caso se insista em perguntar que critérios Foucault utiliza, a resposta só aparecerá com toda a clareza nos livros posteriores à *Arqueologia*: as palavras, frases e proposições retidas no *corpus* devem ser escolhidas em torno dos focos difusos de poder (e de resistência) acionados por esse ou aquele problema. Por exemplo, o *corpus* da "sexualidade" no século XIX: procuraremos as palavras e frases trocadas no confessionário, as proposições que se combinam num manual de casuística, e consideraremos também outros focos, escola, instituições de natalidade, de nupcialidade...[24] É esse critério que opera, na prática, na *Arqueologia*, embora a teoria só apareça depois. Então, uma vez constituído o *corpus* (que não pressupõe de forma alguma o enunciado), pode-se determinar a maneira pela qual a linguagem se agrega a esse *corpus*. "cai" sobre ele: é o "ser da linguagem" de que falavam *As Palavras e as Coisas*, o "há linguagem" invocado pela *Arqueologia*, variável conforme cada conjunto.[25] É o "Diz-SE". como murmúrio anônimo, que assume tal ou qual dimensão diante do *corpus* considerado. Estamos, então, capacitados a extrair – das palavras, frases e proposições – os enunciados, que não se confundem com elas. Os enunciados não são palavras, frases ou proposições, mas formações que apenas se destacam de seus *corpus* quando os sujeitos da frase, os objetos da proposição, os significados das palavras *mudam de natureza*, tomando lugar no "diz-se", distribuindo-se; dispersando-se na espessura da linguagem. Segundo um paradoxo constante em Foucault, a linguagem só se agrega a um *corpus* para ser um meio de distribuição ou de dispersão de enunciados, a regra de uma "família" naturalmente dispersa. Esse método é muito rigoroso em seu conjunto e se exerce, com diferentes graus de explicitação, em toda a obra de Foucault.

Quando Gogol escreve sua obra-prima relativa à inscrição de almas mortas, explica que seu romance é poema, e mostra como, em que pontos, o romance deve ser necessariamente poema. É possível que Foucault, nessa arqueologia, faça menos um discurso do seu método que o poema de sua obra precedente, e atinja o ponto em que a filosofia é necessariamente poesia, intensa poesia do que é dito, poesia tanto do não sentido quanto do sentido mais profundo. De certa forma, Foucault

---
[24] Cf. *VS*, "A incitação aos discursos". Na verdade, é com *VP*, que o critério começa a ser estudado em si mesmo. Mas ele podia ser aplicado já antes, sem petição de princípio.
[25] *AS*, 145-148.

pode declarar que nunca escreveu nada a não ser ficção: é que, como vimos, os enunciados se parecem com os sonhos, e tudo muda, como num caleidoscópio, segundo o *corpus* considerado e a diagonal que se trace. Mas, por outro lado, ele também pode dizer que nunca escreveu nada que não fosse real, com o real, pois tudo é real no enunciado, e nele toda realidade se manifesta.

Há muitas multiplicidades. Não apenas o grande dualismo das multiplicidades discursivas: mas, entre as discursivas, todas as famílias ou formações de enunciados, cuja lista é aberta e varia de acordo com a época. E ainda os gêneros de enunciados, marcados por certos "limiares": uma mesma família pode atravessar muitos gêneros, um mesmo gênero pode marcar diversas famílias. Por exemplo, a ciência implica certos limiares, passados os quais os enunciados atingem uma "epistemologização", uma "cientificidade", ou mesmo uma "formalização". Mas uma ciência nunca absorve a família ou a formação no interior da qual ela se constitui: o estatuto e pretensão científicos da psiquiatria não suprimem os textos

jurídicos, as expressões literárias, as reflexões filosóficas, as decisões políticas ou as opiniões médicas que fazem parte integrante da formação discursiva correspondente."[26] No máximo uma ciência orienta a formação, sistematiza ou formaliza algumas de suas áreas, sob o risco de receber desta uma função ideológica que seria um equívoco pensarmos ligada a uma mera imperfeição científica. Em suma, uma ciência se localiza num domínio do saber que ela não absorve, numa formação que é, por si própria, objeto de saber e não de ciência. O saber não é ciência, nem mesmo conhecimento; ele tem por objeto as multiplicidades anteriormente definidas, ou melhor, a multiplicidade exata que ele mesmo descreve, com seus pontos singulares, seus lugares e suas funções. "A prática discursiva não coincide com a elaboração científica a que pode dar lugar; o saber que ela forma não é nem o esboço rugoso nem o subproduto cotidiano de uma ciência constituída."[27] Mas também é possível conceber-se que certas multiplicidades, certas formações, não orientam o saber, que as persegue, em direção a limiares epistemológicos. Elas o orientam cm outras direções, com outros limiares bem diferentes. Não queremos dizer apenas que certas famílias são "incapazes" de ciência, a não ser que haja uma redistribuição

---

[26] *AS*, 234.
[27] *AS*, 240.

e uma verdadeira mutação (como as que precedem a psiquiatria nos séculos XVII e XVIII). O que nos perguntamos é se não há limiares, estéticos, por exemplo, que mobilizam um saber numa direção que não é a de uma ciência e que permitiriam definir um texto literário, ou uma obra pictórica, dentro de práticas discursivas às quais eles pertencem. Ou mesmo limites éticos, limites políticos: mostrar-se-ia como as proibições, as exclusões, os limites, as liberdades, as transgressões estão "ligados a uma prática discursiva determinada" – em relação aos meios não discursivos – e têm maior ou menor condição de chegar a um limiar revolucionário.[28] Assim se forma o poema-arqueologia em todos os registros de multiplicidade, mas também na inscrição única daquilo que é dito, em relação aos acontecimentos, às instituições e a todas as outras práticas. O essencial não é haver superado uma dualidade ciência-poesia que ainda perturbava a obra de Bachelard. Não é também haver encontrado um meio de tratar cientificamente textos literários. É haver descoberto e medido esta terra desconhecida onde uma forma literária, uma proposição científica, uma frase cotidiana, um *non-sense* esquizofrênico, etc. são igualmente enunciados, mas sem medida comum, sem nenhuma redução nem equivalência discursiva. E é esse o ponto que nunca foi atingido pelos lógicos, pelos formalistas ou pelos intérpretes. Ciência e poesia são, igualmente, saber.

Mas o que delimita uma família, uma formação discursiva? Como conceber o corte? É uma questão totalmente distinta da do limiar. Mas, também nesse caso, não é um método axiomático que convém, nem mesmo estrutural, no sentido exato da palavra. Pois a substituição de uma formação por outra não ocorre obrigatoriamente ao nível dos enunciados mais gerais nem mais formalizáveis. Apenas um método serial, como o utilizado atualmente pelos historiadores, permite a construção de uma série na proximidade de um ponto singular, e a busca de outras séries que a prolonguem, em outras direções, ao nível de outros pontos. Há sempre um momento, ou locais, em que as séries começam a divergir e se distribuem em um novo espaço: é por onde passa o corte. Método serial fundado sobre as singularidades e as curvas. Foucault ressalta que ele parece ter dois efeitos opostos, pois conduz os historiadores a operar cortes bem amplos e distantes, dividindo períodos longos, enquanto leva

---

[28] *AS*, 251-255.

os epistemólogos a multiplicar os cortes, às vezes de breve duração.[29] Nós voltaremos a esse problema. Mas o essencial, de qualquer forma, é que a construção de séries dentro de multiplicidades determináveis torna impossível toda exposição de sequências em favor de uma história, tal como imaginaram os filósofos, para a glória de um Sujeito ("fazer da análise histórica o discurso contínuo e fazer da consciência humana o sujeito originário de todo devir e de toda prática, são as duas faces de um mesmo sistema de pensamento. O tempo nele é concebido em termos de totalização e as revoluções nunca passam de uma tomada de consciência...").[30] Para os que invocam sempre a História e que protestam contra a indeterminação de um conceito como o de "mutação", é preciso lembrar a perplexidade dos verdadeiros historiadores quando têm de explicar por que o capitalismo surgiu em tal lugar e em tal momento, quando iguais fatores parecem torná-lo possível em outros lugares e em outras épocas. "Problematizar as séries..." Discursivas ou não, as formações, as famílias, as multiplicidades são históricas. Não são meros compostos de coexistência – elas são inseparáveis de "vetores temporais de derivação"; e, quando uma nova formação aparece, com novas regras e novas séries, nunca é de um só golpe, numa frase ou numa criação, mas em "tijolos", com a sobrevivência, o deslocamento, a reativação de antigos elementos que subsistem sob as novas regras. Apesar dos isomorfismos e das isotopias, nenhuma formação é o modelo de outra. A teoria dos cortes é portanto uma peça essencial do sistema.[31] Há que perseguir as séries, atravessar os níveis, ultrapassar os limiares, nunca se contentar em desenrolar os fenômenos e os enunciados segundo uma dimensão horizontal ou vertical – mas formar uma transversal, uma diagonal móvel, na qual deve se mover o arquivista-arqueólogo. Uma opinião de Boulez sobre o universo rarefeito de Webern aplicar-se-ia a Foucault (e a seu estilo): "Ele criou uma nova dimensão, que poderíamos chamar dimensão diagonal, uma espécie de distribuição dos pontos, dos blocos ou das figuras, não mais no plano, mas no espaço".[32]

---

[29] AS, 15-16 (e, sobre o método serial na História, cf. Braudel. *Écrits sur L'Histoire*, Flammarion). (Há tradução brasileira: *Escritos sobre a História*. Perspectiva. (N. R.))
[30] AS, 22.
[31] Há dois problemas, um prático, que consiste em saber por onde fazer passar os cortes em determinado caso, o outro teórico, e do qual depende o primeiro, que diz respeito ao próprio conceito de corte ou cesura (seria necessário opor, a esse respeito, a concepção estrutural de Althusser e a concepção serial de Foucault).
[32] Boulez, *Relevés d'Apprenti*, Ed. du Seuil, 372.

Um novo cartógrafo
(*Vigiar e Punir*)

Foucault nunca encarou a escritura como um objetivo, como um fim. É exatamente isso que faz dele um grande escritor, que coloca no que escreve uma alegria cada vez maior, um riso cada vez mais evidente. Divina comédia das punições: é um direito elementar do leitor ficar fascinado até as gargalhadas diante de tantas invenções perversas, tantos discursos cínicos, tantos horrores minuciosos. Dos aparelhos antimasturbatórios para crianças até os mecanismos das prisões para adultos, toda uma cadeia se exibe, suscitando risos inesperados que a vergonha, o sofrimento ou a morte não conseguem calar. Os carrascos riem raramente, ou então o seu riso é diferente. Vallès já invocava uma alegria no horror, característica dos revolucionários, que opunha à horrível alegria dos carrascos. Basta que o ódio esteja suficientemente vivo para que dele se possa tirar alguma coisa, uma grande alegria, não de ambivalência, não a alegria de odiar, mas a alegria de querer destruir aquilo que mutila a vida. O livro de Foucault está repleto de uma alegria, de um júbilo que se mistura ao esplendor do estilo e à política do conteúdo. Ele é ritmado por atrozes descrições feitas com amor: o grande suplício de Damiens e suas falhas; a cidade empestada e seu enquadramento pelo poder; a cadeia de forçados que atravessa a cidade e dialoga com o povo; depois, ao contrário, a nova máquina isolante, a prisão, o carro celular, que atesta uma outra "sensibilidade na arte de punir". Foucault sempre soube pintar quadros maravilhosos como fundo de suas análises. Aqui, a análise torna-se cada vez mais microfísica e os quadros cada vez mais físicos, exprimindo os "efeitos" da análise, não no sentido causal, mas no sentido óptico, luminoso, de cor: do vermelho sobre vermelho dos suplícios ao cinza sobre cinza das prisões. A análise e o quadro caminham juntos; microfísica do poder e investimento político do corpo. Quadros coloridos sobre um mapa milimétrico. Esse livro pode ser lido como uma sequência dos livros anteriores de Foucault ou como marco de um novo progresso decisivo.

O que, de maneira difusa ou mesmo confusa, caracterizava o esquerdismo era, em termos de teoria, um novo questionamento do problema do poder, voltado tanto contra o marxismo quanto contra as concepções burguesas e, em termos de prática, um certo tipo de lutas locais, específicas, cujas relações e necessária unidade não poderiam mais vir de um processo de totalização nem de centralização, mas, como disse Guattari, de uma transversalidade. Esses dois aspectos, o prático e o teórico, estão estreitamente ligados. Mas o esquerdismo não deixou também de conservar ou de reintegrar extratos bastante sumários de marxismo, acabando por se enterrar nele novamente e restaurar as centralizações de grupo que retomavam a antiga prática, inclusive a do stalinismo. De 1971 a 1973, o G. I. P. (*Groupe information prisons*) funcionou sob a impulsão de Foucault e de Defert, como um grupo que soube evitar essas reincidências mantendo um tipo de relação original entre a luta das prisões e outras lutas. E quando Foucault volta em 1975 com uma publicação teórica, deve ter sido o primeiro a inventar essa nova concepção de poder, que buscávamos, mas não conseguíamos encontrar nem enunciar.

É exatamente disso que trata *Vigiar e Punir*, embora Foucault o indique apenas em poucas páginas, no começo de seu livro. Algumas páginas apenas, porque ele trabalha com um método totalmente diferente do método de "teses". Ele se contenta em sugerir o abandono de um certo número de postulados que marcaram a posição tradicional da esquerda.[1] E será preciso esperar *A Vontade de Saber* para uma exposição mais detalhada.

Postulado da propriedade, o poder seria "propriedade" de uma classe que o teria conquistado. Foucault mostra que não é assim, nem disso, que procede o poder: ele é menos uma propriedade que uma estratégia, e seus efeitos não são atribuíveis a uma apropriação, "mas a disposições, a manobras, táticas, técnicas, funcionamentos"; "ele se exerce mais do que se possui, não é o privilégio adquirido ou conservado da classe dominante, mas o efeito de conjunto de suas posições estratégicas". Este novo funcionalismo, esta análise funcional certamente não nega a existência das classes e de suas lutas, mas as insere num quadro completamente diferente, com outras paisagens, outros personagens, outros procedimentos, diferentes desses com os quais nos acostumou a história tradicional, inclusive a marxista: "inúmeros pontos de enfrentamento,

---

[1] *VP*, 31-33.

focos de instabilidade, cada um comportando seus riscos de conflito, de lutas e de inversão pelo menos transitória das relações de força", sem analogia nem homologia, sem univocidade, mas com um tipo original de continuidade possível. Em suma, o poder não tem homogeneidade; define-se por singularidade, pelos pontos singulares por onde passa.

Postulado da localização, o poder seria poder de Estado, estaria localizado ele próprio no aparelho de Estado, tanto que até mesmo os poderes "privados" teriam uma dispersão apenas aparente e seriam, ainda, aparelhos de Estado especiais. Foucault mostra, ao contrário, que o próprio Estado aparece como efeito de conjunto ou resultante de uma multiplicidade de engrenagens e de focos que se situam num nível bem diferente e que constituem por sua conta uma "microfísica do poder". Não somente os sistemas privados, mas as peças explícitas do aparelho de Estado têm ao mesmo tempo uma origem, procedimentos e exercícios que o Estado aprova, controla ou se limita a preservar em vez de instituir. Uma das ideias essenciais de *Vigiar e Punir* é que as sociedades modernas podem ser definidas como sociedades "disciplinares", mas a disciplina não pode ser identificada com uma instituição nem com um aparelho, exatamente porque ela é um tipo de poder, uma tecnologia, que atravessa todas as espécies de aparelhos e de instituições para reuni-los, prolongá-los, fazê-los convergir, fazer com que se apliquem de um novo modo. Mesmo as peças ou engrenagens particulares que pertencem ao Estado de forma tão evidente como a polícia e a prisão: "Se a polícia como instituição foi realmente organizada sob a forma de um aparelho de Estado, e se foi mesmo diretamente ligada ao centro da soberania política, o tipo de poder que exerce, os mecanismos que põe em funcionamento e os elementos aos quais ela os aplica são específicos", encarregando- se de fazer penetrar a disciplina no detalhe efêmero de um campo social, demonstrando assim ampla independência em relação ao aparelho judiciário e mesmo político.[2] Com mais razão ainda, a prisão não tem suas origens nas "estruturas jurídico-políticas de uma sociedade": é um erro fazê-la depender de uma evolução do Direito, mesmo do Direito Penal. Administrando a punição, a prisão dispõe também ela de uma autonomia que lhe é necessária, e apresenta, por sua vez, um "suplemento disciplinar" que ultrapassa um aparelho de Estado, mesmo servindo-o.[3] Em suma, o funcionalismo de Foucault

---

[2] *VP*, 215-217.
[3] *VP*, 223, 249, 251.

corresponde a uma topologia moderna que não assinala mais um lugar privilegiado como fonte do poder e não pode mais acertar a localização pontual (existe aí uma concepção de espaço social tão nova quanto a dos espaços físicos e matemáticos atuais, como, recentemente, em relação à continuidade). Notar-se-á que "local" tem dois sentidos bem diferentes: o poder é local porque nunca é global, mas ele não é local nem localizável porque é difuso.

Postulado da subordinação: o poder encarnado no aparelho de Estado estaria subordinado a um modo de produção, tal como a uma infraestrutura. Talvez seja possível fazer corresponder os grandes regimes punitivos a sistemas de produção: os mecanismos disciplinares, especialmente, não são separáveis do crescimento demográfico do século XVIII e o crescimento de uma produção que visa a aumentar o rendimento, a compor as forças, a extrair dos corpos toda a força útil. Mas é difícil ver aí uma determinação econômica "em última instância", mesmo se dotarmos a superestrutura de uma capacidade de reação ou de ação de retorno. Toda economia, a oficina, por exemplo, ou a fábrica, pressupõe esses mecanismos de poder agindo, de dentro, sobre os corpos e as almas, agindo no interior do campo econômico sobre as forças produtivas e as relações de produção. "As relações de poder não se encontram em posição de exterioridade com respeito a outros tipos de relações ... a posição (delas) não é a de superestrutura ... elas possuem, onde agem, um papel diretamente produtor."[4] O que ainda há de piramidal na imagem marxista é substituído na microanálise funcional por uma estreita imanência na qual os focos de poder e as técnicas disciplinares formam um número equivalente de segmentos que se articulam uns sobre os outros e através dos quais os indivíduos de uma massa passam ou permanecem, corpos e almas (família, escola, quartel, fábrica e, se necessário, prisão). "O" poder tem como características a imanência de seu campo, sem unificação transcendente, a continuidade de sua linha, sem uma centralização global, a continuidade de seus segmentos sem totalização distinta: espaço serial.[5]

Postulado da essência ou do atributo: o poder teria uma essência e seria um atributo, que qualificaria os que o possuem (dominantes) distinguindo-os daqueles sobre os quais se exerce (dominados).

---

[4] *VS*, 124.
[5] *VP*, 148 (certamente a figura piramidal subsiste, mas com uma função difusa e repartida por todas as suas faces).

Mas o poder não tem essência, ele é operatório. Não é atributo, mas relação: a relação de poder é o conjunto das relações de forças, que passa tanto pelas forças dominadas quanto pelas dominantes, ambas constituindo singularidades. "O poder investe (os dominados), passa por eles e através deles, apoia-se neles, do mesmo modo que eles, em sua luta contra esse poder, apoiam-se por sua vez nos pontos em que ele os afeta." Analisando as cartas régias de aprisionamento,* Foucault mostrará que "o despotismo do rei" não vai de alto a baixo como um atributo de seu poder transcendente, mas é solicitado pelos mais humildes, pais, vizinhos, colegas que querem que se prenda um ínfimo incitador de desordens e usam o monarca absoluto como um "serviço público" imanente, capaz de regular conflitos familiares, conjugais, de vizinhança ou profissão.[6] A carta régia aparece então como ancestral do que chamamos "internamento voluntário" em psiquiatria. É que, longe de se exercer numa esfera geral ou apropriada, a relação de poder se insere em todo lugar onde existem singularidades, ainda que minúsculas, relações de forças como "discussões de vizinhos, brigas de pais e crianças, desentendimentos de casais, excessos alcoólicos e sexuais, rixas públicas e – tantas – paixões secretas".

Postulado da modalidade: o poder agiria por violência ou por ideologia, ora reprimindo, ora enganando ou iludindo; ora como polícia, ora como propaganda. Aqui, mais uma vez, esta alternativa não parece pertinente (mesmo em se tratando de um congresso de partido político: bem pode acontecer que a violência esteja na sala ou mesmo na rua; pode ser que a ideologia esteja na tribuna; mas os problemas de organização, da organização do poder, são decididos à parte, na sala ao lado). Um poder não procede por ideologia, mesmo quando se aplica sobre as almas; ele não opera necessariamente através da violência e da repressão quando se dirige aos corpos. Ou melhor, a violência realmente exprime o efeito de uma força sobre *qualquer coisa*, objeto ou ser. Mas ela não exprime a relação de poder, isto é, a *relação da força com a força*, "uma ação sobre uma ação".[7] Uma relação de forças é uma

---

* No original, *lettres de cachet*: documento pelo qual o rei mandava prender alguém, sem processo e sem prazo determinado. É mais conhecida a sua aplicação política – contra Voltaire, por exemplo. Mas o seu uso mais frequente fazia-se a pedido da família – por exemplo, contra o jovem Sade. (N. R.)

[6] *VHI*, 22-26.

[7] Texto de Foucault, in Dreyfus e Robinow, *Michel Foucault, Un Parcours Philosophique*. Gallimard, 313.

função do tipo "incitar, suscitar, combinar...". No caso das sociedades disciplinares, dir-se-á: repartir, colocar em série, compor, normalizar. A lista é indefinida, variável conforme o caso. O poder "produz realidade", antes de reprimir. E também produz verdade, antes de ideologizar, antes de abstrair ou de mascarar.[8] É *A Vontade de Saber* que mostrará, tomando a sexualidade enquanto caso privilegiado: como podemos crer numa repressão sexual operando na linguagem, se nos atemos às palavras e às frases; mas não se extraímos os enunciados dominantes, e notadamente os procedimentos de confissão praticados na igreja, na escola, no hospital, e que buscam a um só tempo a realidade do sexo e a verdade no sexo; como a repressão e a ideologia não explicam nada, mas sempre supõem um agenciamento ou "dispositivo" no qual elas operam, e não o inverso. Foucault não ignora de modo algum a repressão e a ideologia, mas, como Nietzche já havia visto, elas não constituem o combate de forças, são apenas a poeira levantada pelo combate.

Postulado da legalidade: o poder de Estado exprimir-se-ia na lei, sendo esta concebida ora como um estado de paz imposto às forças brutas, ora como o resultado de uma guerra ou de uma luta ganha pelos mais fortes (mas nos dois casos a lei é definida pela cessação forçada ou voluntária de uma guerra, e se opõe à ilegalidade, que ela define por exclusão; e aos revolucionários só resta alegar outra legalidade, que passa pela conquista do poder e pela instauração de um outro aparelho de Estado). Um dos temas mais profundos do livro de Foucault consiste em substituir a oposição, por demais grosseira, lei-ilegalidade por uma correlação final *ilegalismos-lei*. A lei é sempre uma composição de ilegalismos, que ela diferencia ao formalizar. Basta considerarmos o Direito das sociedades comerciais para vermos que as leis não se opõem globalmente à ilegalidade, mas que umas organizam explicitamente o meio de não cumprir as outras. A lei é uma gestão dos ilegalismos, permitindo uns, tornando-os possíveis ou inventando-os como privilégio da classe dominante, tolerando outros como compensação às classes dominadas, ou, mesmo, fazendo-os servir à classe dominante, finalmente, proibindo, isolando e tomando outros como objeto, mas também como meio de dominação. É assim que as mudanças da lei, no correr do século XVIII, têm como fundo uma nova distribuição dos ilegalismos, não só porque as infrações tendem a mudar de natureza, aplicando-se cada vez mais à propriedade e não às pessoas, mas porque

---

[8] *VP*, 1%.

os poderes disciplinares recortam e formalizam de outra maneira essas infrações, definindo uma forma original chamada "delinquência", que permite uma nova diferenciação, um novo controle dos ilegalismos.[9] Certas resistências populares à revolução de 89 se explicam evidentemente porque os ilegalismos tolerados ou promovidos pelo antigo regime tornaram-se intoleráveis ao poder republicano. Mas o que é comum às repúblicas e às monarquias ocidentais é terem erigido a entidade da Lei como suposto princípio do poder, para obterem uma representação jurídica homogênea: o "modelo jurídico" veio recobrir o mapa estratégico.[10] O mapa dos ilegalismos, entretanto, continua a trabalhar sob o modelo da legalidade. E Foucault mostra que a lei não é nem um estado de paz nem o resultado de uma guerra ganha: ela é a própria guerra e a estratégia dessa guerra em ato, exatamente como o poder não é uma propriedade adquirida pela classe dominante, mas um exercício atual de sua estratégia.

É como se, enfim, algo de novo surgisse depois de Marx. É como se uma cumplicidade em torno do Estado fosse rompida. Foucault não se contenta em dizer que é preciso repensar certas noções, ele não o diz, ele o faz, e assim propõe novas coordenadas para a prática. Ao fundo, ressoa uma batalha, com suas táticas locais, suas estratégias de conjunto, que não procedem, todavia, por totalização, mas por transmissão, concordância, convergência, prolongamento. Trata-se justamente da questão: *Que fazer?* O privilégio teórico que se dá ao Estado como aparelho de poder leva, de certa forma, à concepção prática de um partido dirigente, centralizador, procedendo à conquista do poder de Estado, mas, inversamente, é esta concepção organizacional do partido que se faz justificar por esta teoria do poder. Outra teoria, outra prática – é esta a aposta do livro de Foucault.

O livro precedente era *A Arqueologia do Saber*. Que evolução representa *Vigiar e Punir?* A arqueologia não era apenas um livro de reflexão

---

[9] *VP*, 84, 278. Entrevista em *Le Monde*, 21.2.1975: "O ilegalismo não é um acidente, uma imperfeição mais ou menos inevitável ... No limite, eu diria que a lei não é feita para impedir esse ou aquele tipo de comportamento, mas para diferenciar as maneiras de se interpretar a própria lei".

[10] *VS*, 114-120, 135. Foucault jamais participou do culto ao "Estado de direito", e, segundo ele, a concepção legalista não vale mais que a concepção repressiva. É, aliás, a mesma concepção do poder que aparece nos dois casos, a lei surgindo apenas como uma reação exterior aos desejos num caso, e como condição interna do desejo no outro caso. *VS*, 109.

ou de método geral, era uma orientação nova, como uma dobra reagindo sobre os livros anteriores. A arqueologia propunha a distinção entre duas espécies de formações políticas, as "discursivas" ou de enunciados e as "não discursivas" ou de meios. Por exemplo, a medicina clínica no fim do século XVIII é uma formação discursiva; mas ela o é em relação às massas e às populações que dependem de outro tipo de formação, e implicam meios não discursivos, "instituições, acontecimentos políticos, práticas e processos econômicos". Certamente os meios produzem também enunciados, e os enunciados também determinam os meios. Além disso, as duas formações são heterogêneas, apesar de inseridas uma dentro da outra: não há correspondência nem isomorfismo, não há causalidade direta nem simbolização.[11] *A Arqueologia* tinha então um papel de charneira: ela colocava a firme distinção das duas formas, mas, como se propunha a definir a forma dos enunciados, contentava-se em indicar a outra forma, negativamente, como o "não discursivo".

Vigiar e Punir dá um novo passo. Considere-se uma "coisa" como a prisão: é uma formação de meio (o meio "carcerário"), é uma *forma do conteúdo* (o conteúdo é o prisioneiro). Mas essa coisa ou essa forma não remetem a uma "palavra" que a designaria, nem a um significante de que seria o significado. Ela remete a palavras e conceitos completamente diferentes, como a delinquência ou o delinquente, que exprimem uma nova maneira de enunciar as infrações, as penas e seus sujeitos. Chamemos *forma da expressão* a esta formação de enunciado. Ora, as duas formas, apesar de terem emergido ao mesmo tempo, no século XVIII, não deixam de ser heterogêneas. O direito penal atravessa uma evolução que faz com que ele passe a enunciar os crimes e os castigos em função de uma defesa da sociedade (não mais de uma vingança ou uma reparação do soberano): signos que se dirigem à alma ou ao espírito e estabelecem associações de ideias entre a infração e a punição (código). Mas a prisão é uma nova maneira de agir sobre os corpos e vem de uma perspectiva totalmente diferente das perspectivas do direito penal: "A prisão, figura concentrada e austera de todas as disciplinas, não é um elemento endógeno no sistema penal definido entre os séculos XVIII e XIX".[12] É que o direito penal diz respeito ao enunciável em matéria criminal: é um regime de linguagem que classifica e traduz as infrações,

---

[11] *AS*, 212-213.
[12] *VP*, 2ª parte. cap. 1 (sobre o movimento penal reformador e seus enunciados) e cap. 2 (como a prisão não faz parte desse sistema e remete a outros modelos).

que calcula as penas; é uma família de enunciados e também um limiar. A prisão, por seu lado, diz respeito ao visível: ela não apenas pretende mostrar o crime e o criminoso, mas ela própria constitui uma visibilidade, é um regime de luz antes de ser uma figura de pedra, define-se pelo "Panoptismo", isto é, por um agenciamento visual e um meio luminoso do qual o vigia pode ver tudo sem ser visto, no qual os detidos podem ser vistos, a cada instante, sem verem a si próprios (torre central e células periféricas).[13] Um regime de luz e um regime de linguagem não são a mesma forma, e não têm a mesma formação. Nós compreendemos melhor por que Foucault não parou de estudar essas duas formas já presentes nos livros anteriores: em O Nascimento da Clínica, o visível e o enunciado: na História da Loucura, a loucura tal como a via o hospital geral e a desrazão tal como a enuncia a medicina (e não é no hospital que ela é tratada no século XVII). O que A Arqueologia reconhecia, mas ainda designava apenas negativamente como meios não discursivos, encontra em Vigiar e Punir sua forma positiva, que obcecava Foucault em todas as suas obras: a forma do visível, em contraste com a forma do enunciável. Por exemplo, no começo do século XIX, as massas e populações se tornam visíveis, vêm à luz, ao mesmo tempo que os enunciados médicos conquistam novos enunciáveis (lesões de tecidos orgânicos e correlações anatomofisiológicas...).[14]

Certamente, a prisão enquanto forma do conteúdo tem ela própria seus enunciados, seus regulamentos. Certamente, o direito penal enquanto forma da expressão, enunciados de delinquência, tem seus conteúdos: nem que fosse apenas um novo tipo de infrações, atentados à propriedade mais que agressões às pessoas.[15] E as duas formas não param de entrar em contato, insinuando-se uma dentro da outra, cada uma arrancando um segmento da outra: o direito penal não para de remeter à prisão, de fornecer presos, enquanto a prisão não para de reproduzir a delinquência, de fazer dela um "objeto" e de realizar os objetivos que o direito penal concebia de outra forma (defesa da sociedade, transformação do condenado, modulação da pena, individuação).[16] Há pressuposição recíproca entre as duas formas. E no entanto não há

---
[13] VP, 3ª parte, cap. 3 (a descrição do "Panóptico").
[14] AS, 214.
[15] VP, 77-80 (sobre a evolução e a alteração das infrações).
[16] VP, quarta parte, capítulos 1 e 2: como a prisão se impõe num segundo momento e entra em correlação com o sistema penal para "produzir" delinquência ou constituir uma "delinquência-objeto" (282).

forma comum, não há conformidade, nem mesmo correspondência. É a esse respeito que *Vigiar e Punir* vai formular dois problemas que *A Arqueologia* não podia propor, porque se preocupava especificamente com o saber e o primado do enunciado dentro do saber. Por um lado, existiria, geralmente, e exteriormente às formas, uma causa comum imanente ao campo social? Por outro lado, como o agenciamento, o ajustamento das duas formas, sua penetração mútua, são assegurados, de maneira variável, em cada caso concreto?

A forma diz-se em dois sentidos: ela forma ou organiza matérias; ela forma ou finaliza funções, dá a elas objetivos. Não só a prisão, mas também o hospital, a escola, o quartel, a oficina são matérias formadas. Punir é uma função formalizada, assim como cuidar, educar, disciplinar, fazer trabalhar. O fato é que existe uma espécie de correspondência, apesar de serem irredutíveis as duas formas (com efeito, o tratamento não se refere ao hospital geral no século XVII, e o direito penal no XVIII não se refere essencialmente à prisão). Como, então, explicar a coadaptação? É que podemos conceber puras matérias e puras funções abstraindo as formas em que se encarnam. Quando Foucault define o Panoptismo, ora ele o determina concretamente, como um agenciamento óptico ou luminoso que caracteriza a prisão, ora abstratamente, como uma máquina que não apenas se aplica a uma matéria visível em geral (oficina, quartel, escola, hospital, tanto quanto a prisão), mas atravessa geralmente todas as funções enunciáveis. A fórmula abstrata do Panoptismo não é mais, então, "ver sem ser visto", mas *impor uma conduta qualquer a uma multiplicidade humana qualquer*. Especifica-se apenas que a multiplicidade considerada deve ser reduzida, tomada num espaço restrito, e que a imposição de uma conduta se faz através da repartição no espaço-tempo...[17] É uma lista indefinida, mas que se refere sempre a matérias não formadas, não organizadas, e funções não formalizadas, não finalizadas, estando as duas variáveis indissoluvelmente ligadas. Como denominar esta nova dimensão informe? Foucault deu-lhe certa vez o nome mais exato: é um "diagrama", isto é, um "funcionamento que se abstrai de qualquer obstáculo ou atrito ...

---

[17] Essas especificações são ainda mais necessárias porque *VS* descobrirá um outro par matéria-função puras: dessa vez, a multiplicidade qualquer é numerosa, num espaço aberto, e a função não é mais a de impor uma conduta, mas de "gerir a vida". *VS* confronta os dois pares, nas páginas 182-185; voltaremos a essa questão.

e que se deve destacar de qualquer uso específico".[18] O *diagrama* não é mais o arquivo, auditivo ou visual, é o mapa, a cartografia, coextensiva a todo o campo social. É uma máquina abstrata. Definindo-se por meio de funções e matérias informes, ele ignora toda distinção de forma entre um conteúdo e uma expressão, entre uma formação discursiva e uma formação não discursiva. É uma máquina quase muda e cega, embora seja ela que faça ver e falar.

Se há muitas funções e mesmo matérias diagramáticas, é porque todo diagrama é uma multiplicidade espaço-temporal. Mas, também, porque há tantos diagramas quanto campos sociais na História. Quando Foucault invoca a noção de diagrama, é pensando as nossas sociedades modernas (de disciplina), onde o poder opera um enquadramento de todo o campo: se existe modelo, é o modelo da "peste", que enquadra a cidade contaminada e se estende até o mínimo detalhe. Mas, se consideramos as antigas sociedades (de soberania), vê-se que elas também possuem diagramas, embora com outras matérias e outras funções: também nelas uma *força* se exerce sobre outras forças – mais para realizar um levantamento prévio do que para combinar e compor; mais para dividir as massas do que para recortar o detalhe; mais para exilar do que para enquadrar (é o modelo da "lepra").[19] É outro diagrama, outra máquina, mais próxima do teatro do que da fábrica: outras relações de força. Mais ainda, concebem-se diagramas intermediários como passagens de uma sociedade a outra: é o caso do diagrama napoleônico, no qual a função disciplinar conjuga-se com a função soberana, "no ponto de junção do exercício monárquico e ritual da soberania e do exercício hierárquico e permanente da disciplina indefinida".[20] E que o diagrama é altamente instável ou fluido, não para de misturar matérias e funções de modo a constituir mutações. Finalmente, todo diagrama é intersocial, e em devir. Ele nunca age para representar um mundo preexistente, ele produz um novo tipo de realidade, um novo modelo de verdade. Não é sujeito da história nem a supera. Faz a história desfazendo as realidades e as significações anteriores, formando um número equivalente de pontos de emergência ou de criatividade,

---

[18] *VP*, 207. (Foucault esclarece a esse respeito que era insuficiente a definição do Panóptico enquanto fosse considerado apenas como "sistema arquitetural e óptico".)
[19] Sobre a confrontação dos dois tipos, *VS*, 178-179, e, sobre a confrontação exemplar da lepra e da peste, *VP* 197-201.
[20] *VP*, 219.

de conjunções inesperadas, de improváveis *continuuns*. Ele duplica a história com um devir.

Toda sociedade tem o seu ou os seus diagramas. Preocupando-se em trabalhar com séries bem determinadas, Foucault nunca se interessou diretamente pelas sociedades ditas primitivas. Elas não deixam de ser um exemplo privilegiado, quase em excesso. Pois, longe de não terem política nem história, elas possuem uma rede de alianças que não podem ser deduzidas a partir de uma estrutura de parentesco, nem reduzidas a relações de troca entre grupos de filiação. As alianças passam por pequenos grupos locais, constituem relações de força (dons e contradons) e conduzem o poder. O diagrama revela aqui a sua diferença em relação à estrutura, na medida em que as alianças tecem uma rede flexível e transversal, perpendicular à estrutura vertical, definem uma prática, um procedimento ou uma estratégia, distintos de toda combinatória, e, formam um sistema físico instável, em perpétuo desequilíbrio, em vez de um círculo fechado de troca (vem daí a polêmica de Leach com Lévi-Strauss, ou mesmo a sociologia das estratégias de Pierre Bourdieu). Disso não se deve concluir que a concepção do poder, em Foucault, convenha particularmente às sociedades primitivas, das quais ele não trata; mas que as sociedades modernas de que trata desenvolvem, por sua vez, os diagramas que expõem suas relações de força ou suas estratégias específicas. Na verdade, há sempre espaço para procurar sob os grandes conjuntos, quer nas linhagens primitivas, quer nas instituições modernas, as microrrelações que não se originam deles, mas que, ao contrário, os compõem. Quando Gabriel Tarde fundava uma microssociologia, era exatamente isso o que fazia: não explicava o social pelo indivíduo, mas analisava os grandes conjuntos assinalando as relações infinitesimais, a "imitação" como propagação de uma corrente de crença ou de desejo (quanta), a "invenção" como encontro de duas correntes imitativas... Eram verdadeiras relações de força, na medida em que ultrapassavam a mera violência.

O que é um diagrama? É a exposição das relações de forças que constituem o poder, segundo os caracteres analisados anteriormente. "O dispositivo panóptico não é simplesmente uma charneira, um local de troca entre um mecanismo de poder e uma função; é uma maneira de fazer funcionar relações de poder numa função, e uma função através dessas relações de poder."[21] Vimos que as relações de forças, ou de poder,

---

[21] *VP*, 208.

eram microfísicas, estratégicas, multipontuais, difusas, que determinavam singularidades e constituíam funções puras. O diagrama, ou a máquina abstrata, é o mapa das relações de forças, mapa de densidade, de intensidade, que procede por ligações primárias não localizáveis e que passa a cada instante por todos os pontos, "ou melhor, em toda relação de um ponto a outro".[22] Certamente, nada a ver com uma Ideia transcendente, nem com uma superestrutura ideológica; nada a ver tampouco com uma infraestrutura econômica, já qualificada em sua substância e definida em sua forma e utilização. Mas não deixa de ser verdade que o diagrama age como uma causa imanente não unificadora, estendendo-se por todo o campo social: a máquina abstrata é como a causa dos agenciamentos concretos que efetuam suas relações; e essas relações de forças passam, "não por cima", mas pelo próprio tecido dos agenciamentos que produzem.

O que quer dizer, aqui, causa imanente? É uma causa que se atualiza em seu efeito, que se integra em seu efeito, que se diferencia em seu efeito. Ou melhor, a causa imanente é aquela cujo efeito a atualiza, integra e diferencia. Por isso nela há correlação, pressuposição recíproca entre a causa e o efeito, entre a máquina abstrata e os agenciamentos concretos (é a esses que Foucault reserva mais frequentemente o nome de "dispositivos"). Se os efeitos atualizam, é porque as relações de forças ou de poder são apenas virtuais, potenciais, instáveis, evanescentes, moleculares, e definem apenas possibilidades, probabilidades de interação, enquanto não entram num conjunto macroscópico capaz de dar forma à sua matéria fluente e à sua função difusa. Mas a atualização também é uma integração, um conjunto de integrações progressivas, a princípio locais, depois globais ou tendendo a serem globais, operando um alinhamento, uma homogeneização, uma soma de relações de força: a lei enquanto integração dos ilegalismos. Os agenciamentos concretos da escola, da oficina, do exército... operam integrações sobre substâncias qualificadas (crianças, trabalhadores, soldados) e funções finalizadas (educação, etc.), até o Estado, que visa a uma integração global, a não ser que se trate do Mercado universal.[23] Finalmente, a atualização-inte-

---

[22] VS, 122 ("O poder está em todo lugar, não porque englobe tudo, e sim porque provém de todos os lugares").
[23] Sobre os integrantes, especialmente o Estado, que não explicam o poder, mas supõem as relações de poder, que eles se limitam a repor e estabilizar, cf. VS, 122-124, e o texto de Foucault in *Libération*, 30.6.1984.

gração é uma diferenciação: não porque a causa em vias de atualização seja uma Unidade soberana, mas, ao contrário, porque a multiplicidade diagramática não pode atualizar-se, o diferencial das forças não pode integrar-se, a não ser tomando caminhos divergentes repartindo-se em dualismos, seguindo linhas de diferenciação sem as quais tudo ficaria na dispersão de uma causa não efetuada. O que se atualiza só pode fazê-lo por desdobramento ou dissociação, criando as formas divergentes entre as quais se divide.[24] É nesse ponto, portanto, que aparecem as grandes dualidades, de classes, ou governantes-governados, público- privado. Mas, ainda mais, *é nesse ponto que divergem ou se diferenciam duas formas de atualização*, forma da expressão e forma do conteúdo, forma discursiva e não discursiva, forma do visível e forma do enunciável. É precisamente porque a causa imanente ignora as formas, tanto em suas matérias como em suas funções, que ela se atualiza segundo uma diferenciação central que, por um lado, formará matérias visíveis e, por outro, formalizará funções enunciáveis. Entre o visível e o enunciável, uma abertura, uma disjunção, mas essa disjunção das formas é o lugar, o "não lugar", diz Foucault, onde penetra o diagrama informal, para se encarnar nas duas direções necessariamente divergentes, diferenciadas, irredutíveis uma à outra. Os agenciamentos concretos são portanto fendidos pelo interstício através do qual se efetua a máquina abstrata.

Essa é então a resposta aos dois problemas colocados por *Vigiar e Punir*. Por um lado, a dualidade das formas ou formações não exclui uma causa comum imanente que opera no informe. Por outro lado, esta causa comum, considerada em cada caso, em cada dispositivo concreto, não cessará de medir as misturas, as capturas, as intercessões entre elementos ou segmentos das duas formas, embora estas sejam e continuem irredutíveis, heteromorfas. Não é exagero dizer que todo dispositivo é um mingau que mistura o visível e o enunciável: "o sistema carcerário junta numa só figura discursos e arquiteturas", programas e mecanismos.[25] *Vigiar e Punir* é o livro em que Foucault ultrapassa expressamente o dualismo aparente dos livros precedentes (já havia uma tendência a ultrapassar esse dualismo em direção a uma teoria das multiplicidades). Se o saber consiste em entrelaçar o visível e enunciável,

---

[24] As relações de poder como "condições internas de diferenciação": *VS*, 124. A atualização de um virtual como sendo sempre uma diferenciação – encontraremos esse tema analisado em profundidade, por exemplo, em Bergson.
[25] *VP*, 276.

o poder é sua causa pressuposta, mas, inversamente, o poder implica o saber como a bifurcação, a diferenciação sem a qual ele não passaria a ato. "Não há relação de poder sem constituição correlata de um campo de saber, nem saber que não suponha e não constitua ao mesmo tempo relações de poder."[26] Erro, hipocrisia que consiste em crer que o saber só aparece onde são suspensas as relações de força. Não há modelo de verdade que não remeta a um tipo de poder, nem saber ou sequer ciência que não exprima ou não implique ato, um poder se exercendo. Todo saber vai de um visível a um enunciável, e inversamente; todavia não há forma comum totalizante, nem mesmo de conformidade ou de correspondência biunívoca. Há apenas uma relação de forças que age transversalmente e que encontra na dualidade das formas a condição para sua própria ação, para sua própria atualização. Se há coadaptação das formas, ela provém de seu "encontro" (com a condição de que esse seja forçado), e não o inverso: "o encontro só se justifica a partir da nova necessidade que ele estabelece". Assim é o encontro das visibilidades da prisão com os enunciados do direito penal.

O que é que Foucault chama de máquina, abstrata ou concreta (ele falará da "máquina-prisão", mas também da máquina-escola, da máquina-hospital...)?[27] As máquinas concretas são os agenciamentos, os dispositivos biformes; a máquina abstrata é o diagrama informe. Em suma, as máquinas são sociais antes de serem técnicas. Ou melhor, há uma tecnologia humana antes de haver uma tecnologia material. Os efeitos desta atingem, é certo, todo o campo social; mas, para que ela mesma seja possível, é preciso que os instrumentos, é preciso que as máquinas materiais tenham sido primeiramente selecionadas por um diagrama, assumidas por agenciamentos. Os historiadores deparam frequentemente com essa exigência: as armas chamadas hoplíticas são tomadas no agenciamento da falange; o estribo é selecionado pelo diagrama do feudalismo; o pau escavador, a enxada e o arado não formam um progresso linear, mas remetem respectivamente às máquinas coletivas que variam com a densidade da população e o tempo de pousio.[28] Foucault mostra, a esse respeito, como o fuzil só existe

---

[26] *VP*, 32.
[27] Cf. *VP*, 237.
[28] É um dos pontos de contato de Foucault com os historiadores contemporâneos: a respeito do pau escavador .... etc., Braudel diz que "o instrumento é consequência, não mais causa" (*Civilização Material e Capitalismo*, I, 128). A respeito das armas

enquanto instrumento em "um máquinário cujo princípio não é mais a massa móvel ou imóvel, mas uma geometria de segmentos divisíveis e componíveis".[29] A tecnologia é então social antes de ser técnica. "Ao lado dos altos-fornos ou da máquina a vapor, o panoptismo foi pouco celebrado ... Mas seria injusto confrontar os processos disciplinares com invenções como a máquina a vapor ... Eles são muito menos e, entretanto, de certo modo, são muito mais."[30] E se as técnicas, no sentido estrito da palavra, são tomadas nos agenciamentos, é porque os próprios agenciamentos, com suas técnicas, são selecionados pelo diagrama: por exemplo, a prisão pode ter existência apenas marginal na sociedade de soberania (as *lettres de cachet*), ela só existe como dispositivo quando um novo diagrama, o diagrama disciplinar, a faz ultrapassar "o limiar tecnológico".[31]

É como se a máquina abstrata e os agenciamentos concretos constituíssem dois polos e passássemos de um ao outro sem sentir. Ora os agenciamentos se distribuem em segmentos duros, compactos, bem separados por tabiques, vedações, descontinuidades formais (a escola, o exército, a oficina, eventualmente a prisão – e quando chegamos ao exército nos dizem "Você não está mais na escola"...). Ora, ao contrário, eles se comunicam na máquina abstrata que lhes confere uma microssegmentaridade flexível e difusa, de forma que eles todos se parecem, e a prisão se estende através dos outros, como as variáveis de uma mesma função sem forma, de uma função contínua (a escola, o quartel, a oficina, já são prisões...).[32] Se não paramos de ir de um polo ao outro, é porque cada agenciamento efetua a máquina abstrata, em maior ou menor grau: é como se houvesse coeficientes de efetuação do diagrama, e quanto mais alto o grau, mais o agenciamento se difunde nos outros, adequando-se a todo o campo social. O próprio método de Foucault adquire aqui um máximo de flexibilidade. Pois o coeficiente varia primeiramente de um agenciamento a outro: por exemplo, o hospital marítimo militar se instala no cruzamento de circuitos e estende filtros e permutadores em todas as direções, controla as mobilidades de toda espécie, o que o torna um cruzamento de alto grau, um espaço

---

hoplíticas, Detienne diz que "a técnica é de alguma forma interna ao social e ao mental" (in *Problèmes de la Grèce Ancienne*, Mouton, 134.).

[29] *VP*, 165.
[30] *VP*, 226.
[31] Cf. *VP*, 225.
[32] Texto essencial, *SP*, 306.

médico adequado ao diagrama inteiro.[33] Mas o coeficiente também varia num mesmo agenciamento, de um campo social a outro ou dentro do mesmo campo social. É o que ocorre com as três fases da prisão: nas sociedades soberanas, ela só existe paralelamente aos outros agenciamentos de punição, porque só efetua o diagrama de soberania num grau baixo. Nas sociedades disciplinares, ao contrário, ela passa a difundir-se em todas as direções, e não se encarrega dos objetivos do direito penal como impregna os outros agenciamentos, por efetuar em alto grau as exigências do diagrama de disciplina (mas foi preciso que ela vencesse a "má reputação" que vinha de seu papel precedente). E, enfim, não é certo que as sociedades disciplinares permitam-lhe conservar esse alto coeficiente se, evoluindo, elas encontrarem outros meios de realizar seus objetivos penais e de efetuar o diagrama em toda a sua extensão: daí o tema da reforma penitenciária, que obcecará cada vez mais o campo social e, no limite, destituiria a prisão de sua exemplaridade, fazendo-a voltar ao estado de agenciamento localizado, restrito, separado.[34] Tudo se passa como se a prisão, como um ludião, subisse e descesse uma escala de efetuação do diagrama disciplinar. Há uma história dos agenciamentos, assim como há um devir e mutações de diagrama.

Isso não é uma mera característica do método de Foucault; tem uma importante consequência para o conjunto de seu pensamento. Muitas vezes Foucault foi considerado, acima de tudo, como o pensador do internamento (o hospital geral da *História da Loucura*, a prisão de *Vigiar e Punir*); ora, ele não é nada disso, e esse contrassenso impede a compreensão de seu projeto global. Paul Virilio, por exemplo, acredita estar se opondo a Foucault quando afirma que o problema das sociedades modernas, o problema da "polícia", não é de internamento, mas de *voirie*,* de velocidade ou de aceleração, de domínio e controle das velocidades, de circuitos e de enquadramentos no espaço aberto. Ora, Foucault nunca disse outra coisa, como mostram as análises da fortaleza, que coincide nos dois autores, ou a análise do hospital marítimo em Foucault. Esse mal-entendido não é grave no caso de Virilio,

---

[33] VP, 145-146 ("A vigilância médica aqui é solidária de toda uma série de outros controles: militar sobre os desertores, fiscal sobre as mercadorias, administrativo sobre os remédios, as rações, os desaparecimentos, as curas, as mortes, as simulações...").
[34] Sobre as correntes de reforma penal e as razões pelas quais a prisão deixa de ser uma forma fecunda, cf. *SP*, 312-313.
* *Voirie*: rede viária, "administração viária". (N. T.)

porque a força e a originalidade de seu caminho próprio demonstram que os encontros entre pensadores independentes ocorrem sempre numa zona cega. Por outro lado, é muito mais grave quando autores menos dotados repetem uma crítica já pronta e censuram Foucault por ater-se ao internamento, ou até mesmo o elogiam por ter analisado tão bem essa forma. Na verdade, o internamento para Foucault sempre foi um dado secundário, que derivava de uma função primária, bem diferente conforme o caso; e não é, absolutamente, da mesma forma que o hospital geral ou o asilo internam os loucos, no século XVII, e que a prisão interna os delinquentes nos séculos XVIII e XIX. O internamento dos loucos é feito segundo o modo do "exílio" e o modelo do leproso; o internamento dos delinquentes se faz no modo do "enquadramento" e tendo por modelo o empestado.[35] Essa análise faz parte das mais belas páginas de Foucault. Mas, justamente, exilar, enquadrar são a princípio funções de exterioridade, que os dispositivos de internamento apenas efetuam, formalizam, organizam. A prisão enquanto segmentaridade rígida (celular) remete a uma função flexível e móvel, a uma circulação controlada, a toda uma rede que atravessa também os meios livres e pode aprender a sobreviver sem a prisão. Parece um pouco com a "prorrogação indefinida" de Kafka, que já não necessita de detenção nem de condenação. Como diz Maurice Blanchot a respeito de Foucault, o internamento remete a um lado de fora, e o que está fechado é o "lado de fora".[36] É "no" lado de fora, ou por exclusão, que os agenciamentos internam, tanto em relação à interioridade psíquica quanto no internamento físico. Foucault invoca frequentemente uma forma do discursivo, uma forma do não discursivo; mas essas formas não internam nada, nem interiorizam; são "formas de exterioridade" através das quais ora os enunciados, ora os visíveis, *se dispersam*. É uma questão geral de método: em vez de ir de uma exterioridade aparente para um "núcleo de interioridade" que seria essencial, é preciso conjurar a ilusória interioridade para levar as palavras e as coisas à sua exterioridade constitutiva.[37]

Seria preciso, inclusive, distinguir várias instâncias correlatas, três pelo menos. Existe primeiramente o *lado de fora* como elemento informe das forças: estas vêm do "lado de fora", elas se prendem ao

---

[35] *VP*, 197-201 (e *HL*, cap. 1).
[36] Blanchot, *L'Entretien Infini*, Gallimard, 292.
[37] Sobre a história e "a forma sistemática da exterioridade", cf. *As*, 158.

lado de fora, que mistura suas relações, traça seus diagramas. A seguir, aparece o *exterior* como meio dos agenciamentos concretos, no qual se atualizam as relações de força. E, finalmente, existem as *formas de exterioridade*, pois a atualização se dá numa cisão, numa disjunção de duas formas diferenciadas e exteriores uma à outra que dividem entre si os agenciamentos (os internamentos e as interiorizações sendo meras figuras transitórias na superfície dessas formas). Posteriormente tentaremos analisar esse conjunto, tal como se apresenta no "pensamento do lado de fora". Mas certamente ele mostra que em Foucault nada se fecha realmente. A história das formas, arquivo, é duplicada por um devir das forças, diagrama. É que as forças aparecem em "toda relação de um ponto a outro": um diagrama é um mapa, ou melhor, uma superposição de mapas. E, de um diagrama a outro, novos mapas são traçados. Por isso não existe diagrama que não comporte, ao lado dos pontos que conecta, pontos relativamente livres ou desligados, pontos de criatividade, de mutação, de resistência: e é deles, talvez, que será preciso partir para se compreender o conjunto. É a partir das "lutas" de cada época, do estilo das lutas, que se pode compreender a sucessão de diagramas ou seu re-encadeamento por sobre as descontinuidades.[38] Pois cada um deles mostra como se curva a *linha do lado de fora* de que falava Melville, sem começo nem fim, linha oceânica que passa por todos os pontos de resistência e que faz rodar, entrechoca os diagramas, sempre em função do mais recente. Que curiosa torção da linha foi 1968, linha de mil aberrações! Daí a tripla definição de escrever: escrever é lutar, resistir; escrever é vir-a-ser; escrever é cartografar, "eu sou um cartógrafo...".[39]

---

[38] *VP* se interrompe brutalmente com a invocação do "ronco surdo da batalha" ("Interrompo aqui este livro...", 315). É *VS* que destacará o tema dos "pontos de resistência" (126-127), e os textos seguintes que analisarão os tipos de lutas, em relação com os diagramas de força (cf. Dreyfus e Rabinow, 301-304).
[39] Entrevista em *Nouvelles Littéraires*, 17.3.1975.

TOPOLOGIA: "PENSAR DE OUTRA FORMA"

Os estratos ou formações históricas: o visível e o enunciável (saber)

Os estratos são formações históricas, positividades ou empiricidades. "Camadas sedimentares", eles são feitos de coisas e de palavras, de ver e de falar, de visível e de dizível. de regiões de visibilidade e campos de legibilidade, de conteúdos e de expressões. Buscamos esses últimos termos em Hjelmslev, mas para aplicá-los a Foucault num sentido totalmente diferente, pois o conteúdo não se confunde mais com um significado, nem a expressão com um significante. Trata- se de uma nova divisão, bastante rigorosa. O conteúdo tem uma forma e uma substância: a prisão, por exemplo, e os que nela estão encerrados, os presos (quem? por quê? como?).[1] A expressão também tem uma forma e uma substância: o direito penal, por exemplo, e a "delinquência" enquanto objeto de enunciados. Assim como o direito penal enquanto forma de expressão define um campo de dizibilidade (os enunciados de delinquência), a prisão como forma do conteúdo define um local de visibilidade (o "panoptismo". isto é, um local de onde é possível, a todo momento, ver tudo sem ser visto). Esse exemplo remete à última grande análise de estrato traçada por Foucault em *Vigiar e Punir*. Mas já era esse o caso em *História da Loucura*: na idade clássica, o asilo surgia como um lugar de visibilidade da loucura ao mesmo tempo que a medicina formulava enunciados fundamentais sobre a "desrazão".

Entre esses dois livros, há *Raymond Roussel* e *O Nascimento da Clínica*, escritos simultaneamente. O primeiro mostra como a obra de Roussel se divide em duas partes, as invenções de visibilidade através de máquinas extraordinárias e as produções de enunciados através de um "procedimento" insólito. O outro livro mostra como, num domínio

---

[1] Sobre a "forma-prisão" e suas diferenças em relação às formas da expressão que lhe são contemporâneas (como o direito penal), cf. *SP*, 233.

totalmente diferente, a clínica e a anatomia patológica acarretam distribuições variáveis entre "o visível e o enunciável".

Uma "época" não preexiste aos enunciados que a exprimem, nem às visibilidades que a preenchem. São os dois aspectos essenciais: por um lado, cada estrato, cada formação histórica implica uma repartição do visível e do enunciável que se faz sobre si mesma; por outro lado, de um estrato a outro varia a repartição, porque a própria visibilidade varia em modo e os próprios enunciados mudam de regime. Por exemplo, "na idade clássica", o asilo surge como uma nova maneira de ver e de fazer ver os loucos, bem diferente da maneira da Idade Média, ou do Renascimento; e a medicina, por sua vez, assim como o direito, a regulamentação, a literatura, etc., inventam um regime de enunciados que se refere à desrazão como novo conceito. Se os enunciados do século XVII inscrevem a loucura como grau extremo da desrazão (conceito-chave), o asilo ou internamento insere-a num conjunto que une os loucos aos vagabundos, aos pobres, aos ociosos, a todas as espécies de depravados: há aí uma "evidência", percepção histórica ou sensibilidade, tanto quanto um regime discursivo.[2] E mais tarde, em outras condições, será a prisão como nova forma de ver e de fazer ver o crime, e a delinquência como nova maneira de dizer. Maneira de dizer e forma de ver, discursividades e evidências, cada estrato é feito de uma combinação das duas e, de um estrato a outro, há variação de ambas e de sua combinação. O que Foucault espera da História é esta determinação dos visíveis e dos enunciáveis em cada época, que ultrapassa os comportamentos e as mentalidades, as ideias, tornando-as possíveis. Mas a História só responde porque Foucault soube inventar, sintonizado com as novas concepções dos historiadores, uma maneira propriamente filosófica de interrogar, maneira nova e que dá nova vida à História.

É *A Arqueologia do Saber* que tirará as conclusões metodológicas e fará a teoria geral dos dois elementos de estratificação: o enunciável e o visível, as formações discursivas e as formações não discursivas, as formas da expressão e as formas do conteúdo. Esse livro, entretanto, parece conceder um primado radical ao enunciado. As regiões de visibilidade agora somente são designadas de maneira negativa, "formações não discursivas", situadas num espaço que é apenas complementar a um

---

[2] Sobre "a evidência" do hospital geral no século XVII como implicando uma "sensibilidade social" que depois desapareceu, cf. *HF*, 66. O mesmo quanto à "evidência da prisão", *SP*, 234.

campo de enunciados. Foucault diz que há relações discursivas entre o enunciado discursivo e o não discursivo. Mas nunca afirma que o não discursivo seja redutível a um enunciado, e que seja um resíduo ou uma ilusão. A questão do primado é essencial: o enunciado tem o primado, veremos por quê. Mas primado nunca quis dizer redução. Do princípio ao fim da obra de Foucault, as visibilidades permanecerão irredutíveis aos enunciados, ainda mais irredutíveis porque parecem formar uma paixão em comparação com a ação dos enunciados. O subtítulo de *O Nascimento da Clínica* era "arqueologia do olhar". Não basta dizer que Foucault renegou esse subtítulo, da mesma forma como sempre reviu seus livros anteriores, se não nos perguntarmos por que e em que pontos. Ora, o ponto que causou a ruptura de Foucault com o subtítulo foi, evidentemente, o primado. Foucault considera cada vez mais que seus livros precedentes não destacam suficientemente o primado dos regimes de enunciado sobre as formas do ver ou do perceber. É a sua reação contra a fenomenologia. Mas, para ele, o primado dos enunciados jamais impedirá a irredutibilidade histórica do visível, pelo contrário. O enunciado só tem primado porque o visível tem suas próprias leis e uma autonomia que o põe em relação com o dominante, com a heautonomia do enunciado. É porque o enunciado tem primado que o visível lhe opõe sua forma própria, que se deixará determinar sem se deixar reduzir. Em Foucault, os locais de visibilidade não terão jamais o mesmo ritmo, a mesma história, a mesma forma que os campos de enunciados, e o primado do enunciado só será válido por isso, pelo fato de se exercer sobre alguma coisa irredutível. Esquecendo a teoria das visibilidades, mutila-se a concepção que Foucault tem da história, mas se mutila também seu pensamento, a concepção que ele elabora sobre o pensamento. Faz- se dele uma variante da filosofia analítica atual, com a qual ele não tem muito em comum, exceto talvez com Wittgenstein, se destacarmos em Wittgenstein uma relação original do visível e do enunciável. Foucault deixava-se fascinar tanto pelo que via como pelo que ouvia ou lia, e a arqueologia concebida por ele é um arquivo audiovisual (a começar pela história das ciências). Foucault alegra-se em enunciar, e em descobrir os enunciados dos outros, somente porque ele também tem uma paixão de ver: o que o define é, acima de tudo, a voz, mas também os olhos. Os olhos, a voz. Foucault nunca deixou de ser um vidente, ao mesmo tempo que marcava a filosofia com um novo estilo de enunciado, as duas coisas num passo diferente, num ritmo duplo.

O que é estratificado não é objeto indireto de um saber que surgiria depois, mas constitui diretamente um saber: a lição das coisas e a lição da gramática. A razão de serem os estratos tema de arqueologia é, precisamente, porque a arqueologia não remete necessariamente ao passado. Há uma arqueologia do presente. Presente ou passado, o visível é como o enunciável: eles são objeto não de uma fenomenologia, mas de uma epistemologia. O que Foucault reprovará em *História da Loucura* é o fato de invocar ainda uma experiência vivida selvagem, à maneira dos fenomenólogos, ou os valores eternos do imaginário, à maneira de Bachelard. Mas, na verdade, não há nada antes do saber, porque o saber, na nova conceituação de Foucault, define-se por suas combinações do visível e do enunciável próprias para cada estrato, para cada formação histórica. O saber é um agenciamento prático, um "dispositivo" de enunciados e de visibilidades. Não há, então, nada sob o saber (embora haja, como veremos, coisas fora do saber). Isto é, o saber só existe em função de "limiares" bastante variados, que assinalam um número equivalente de camadas, clivagens e orientações sobre o estrato considerado. A esse respeito, não basta falar de um "limiar de epistemologização": este já é orientado numa direção que conduz à ciência e que atravessará ainda um limiar próprio de "cientificidade" e eventualmente um "limiar de formalização". Mas não faltam, sobre o estrato, outros limiares, orientados de forma diferente: limiares de etização, de estetização, de politização, etc.[3] O saber não é a ciência, não é separável desse ou daquele limiar onde ele é tomado: nem da experiência perceptiva, nem dos valores do imaginário, nem das ideias da época ou dos dados da opinião corrente. O saber é a unidade de estrato que se distribui em diferentes limiares, o próprio estrato existindo apenas como *empilhamento* desses limiares sob orientações diversas, das quais a ciência é apenas uma. Há apenas práticas, ou positividades, constitutivas do saber: práticas discursivas de enunciados, práticas não discursivas de visibilidades. Mas essas práticas existem sempre sob os limiares arqueológicos cujas repartições móveis constituem as diferenças históricas entre estratos. Esse é o positivismo, ou o pragmatismo, de Foucault; nunca houve problema quanto às relações entre a ciência e a literatura, o imaginário e o científico ou o sabido e o vivido, porque a concepção do saber impregnava e mobilizava todos os limiares transformando-os em variáveis do estrato enquanto formação histórica.

---

[3] *AS*, 236-255.

Os estratos ou formações históricas: o visível e o enunciável (saber)

Certamente, coisas e palavras são termos bastante vagos para designar os dois polos do saber, e Foucault dirá que o título *As Palavras e as Coisas* deve ser entendido ironicamente. A tarefa da arqueologia é primeiramente descobrir uma verdadeira forma da expressão que não possa ser confundida com nenhuma das unidades linguísticas, sejam quais forem, significante, palavra, frase, proposição, ato de linguagem. Foucault ataca particularmente o Significante, "o discurso se anula em sua realidade colocando-se na ordem do significante".[4] Vimos como Foucault descobriu a forma da expressão numa concepção bastante original do "enunciado", como função que cruza as diversas unidades, traçando uma diagonal mais próxima da música do que de um sistema significante. É preciso então rachar, abrir as palavras, as frases e as proposições para extrair delas os enunciados, como fazia Raymond Roussel, inventando seu "procedimento". Mas uma operação análoga é necessária para a forma do conteúdo, pois, assim como a expressão não é um significante, este também não é um significado. Não é também um estado de coisas, um referente. As visibilidades não se confundem com os elementos visuais ou mais geralmente sensíveis, qualidades, coisas, objetos, compostos de objetos. Foucault constrói a esse respeito uma função tão original quanto a do enunciado. É preciso rachar as coisas, quebrá-las. As visibilidades não são formas de objetos, nem mesmo formas que se revelariam ao contato com a luz e com a coisa, mas formas de luminosidade, criadas pela própria luz e que deixam as coisas e os objetos subsistirem apenas como relâmpagos, reverberações, cintilações.[5] Esse é o segundo aspecto que Foucault destaca em Raymond Roussel, e que talvez tenha tentado destacar em Manet. E, se a concepção do enunciado pareceu-nos uma inspiração musical mais próxima de Webern do que da linguística, a concepção do visível parece pictórica, recordando Delaunay, para quem a luz era uma forma, criava suas próprias formas e seus próprios movimentos. Delaunay dizia: Cézanne quebrou a fruteira, e não se deve tentar colá-la de novo, como fazem os cubistas. *Abrir* as palavras, as frases e as proposições, *abrir* as qualidades, as coisas e os objetos: a tarefa da arqueologia é dupla, tal como o esforço de Roussel. É preciso extrair das palavras e da língua os enunciados correspondentes a cada estrato e a seus limiares, mas

---

[4] *OI*, 51.
[5] *RR*, 140-141.

também extrair das coisas e da vista as possibilidades, as "evidências" próprias a cada estrato.

Por que essas extrações são necessárias? Comecemos pelos enunciados: eles nunca estão ocultos, e no entanto não são diretamente legíveis, sequer dizíveis. Poder-se-ia crer que os enunciados frequentemente estão ocultos, sendo objeto de um disfarce, de uma repressão ou mesmo de um recalque. Mas, além de essa crença implicar uma falsa concepção do Poder, ela só é válida se nos limitarmos às palavras, às frases, às proposições. É o que Foucault mostra a respeito da sexualidade, já no começo de *A Vontade de Saber*: poderíamos acreditar que, na era vitoriana, todo um vocabulário é proibido, as frases são metaforizadas, a língua depurada, de modo que a sexualidade passa a ser o segredo fundamental, que não será traído, salvo por transgressores audaciosos e malditos, até o surgimento de Freud. Mas não é nada disso, nunca um estrato ou formação histórica fez pululárem tantos enunciados de sexualidade, determinando as condições, os regimes, os locais, as ocasiões, os interlocutores (aos quais a psicanálise acrescentará os seus). O papel da Igreja desde o concílio de Trento não será compreendido, se não acompanharmos essa proliferação dos discursos sexuais. "Sob a capa de uma linguagem que se tem o cuidado de depurar de modo a não mencioná-lo diretamente, o sexo é tomado, e como que encurralado, por um discurso que pretende não lhe permitir obscuridade nem sossego ... O que é característico das sociedades modernas não é terem condenado o sexo a permanecer na obscuridade, mas sim terem-se dedicado a falar dele ininterruptamente, valorizando-o como *o* segredo." Em suma, se não nos alçamos até suas condições extrativas, o enunciado continua oculto; desde que tenhamos atingido as condições, ao contrário, ele está visível, e diz tudo. Acontece o mesmo na política: a política não esconde nada, na diplomacia, na legislação, na regulamentação, no governo, embora cada regime de enunciados suponha uma certa maneira de entrecruzar as palavras, as frases e as proposições. Basta saber ler, por mais difícil que seja. O segredo só existe para ser traído, trair-se a si mesmo. Cada época enuncia perfeitamente o que há de mais cínico em sua política, como o mais cru de sua sexualidade, de tal forma que a transgressão tem pouco mérito. Cada época diz tudo o que pode dizer em função de suas condições de enunciado. Já na *História da Loucura* Foucault analisava o discurso do "filantropo", que livrava os loucos de suas correntes, sem esconder o outro acorrentamento, mais eficaz, ao qual os destinava.[6] Que tudo seja sempre dito, em cada época, talvez seja esse o maior princípio histórico de Foucault: atrás da cortina nada há para se ver, mas seria ainda mais importante, a cada vez, descrever a cortina ou o pedestal, pois nada há atrás ou embaixo. Objetar que existem enunciados ocultos é, apenas, constatar que há locutores e destinatários variáveis segundo os regimes ou as condições. Mas locutores e destinatários são somente algumas, dentre outras, das variáveis do enunciado, que dependem estreitamente das condições que definem o próprio enunciado enquanto função. Em suma, os enunciados só se tornam legíveis ou dizíveis em relação com as condições que os determinam e que constituem sua única inscrição sobre um "pedestal enunciativo" (como vimos, não há duas inscrições, uma aparente e outra oculta). A única inscrição, a forma da expressão, é composta pelo enunciado e sua condição, o pedestal ou a cortina. Foucault prefere um teatro dos enunciados ou uma escultura dos enunciáveis, "monumentos" e não "documentos".

Qual é a condição mais geral dos enunciados ou das formações discursivas? A resposta de Foucault adquire importância por excluir *a priori* um sujeito da enunciação. O sujeito é uma variável, ou melhor, um conjunto de variáveis do enunciado. É uma função derivada da primitiva, ou do próprio enunciado. *A Arqueologia do Saber* analisa essa função-sujeito: o sujeito é um lugar ou posição que varia muito segundo o tipo, segundo o limiar do enunciado; o próprio "autor" não passa de uma dessas posições possíveis, em certos casos. É possível, inclusive, haver várias posições para o mesmo enunciado. Assim, o que é primeiro é um DIZ-SE, murmúrio anônimo no qual posições são apontadas para sujeitos possíveis: "um grande zumbido incessante e desordenado do discurso". Em várias ocasiões, Foucault invoca esse grande murmúrio, no qual ele próprio deseja se situar.[7] Foucault se opõe a três maneiras de fazer começar a linguagem: pelas pessoas, ainda que sejam pessoas linguísticas ou embreagens (a personologia linguística, o "eu falo" ao

---

[6] Sobre a "libertação" dos loucos por Tuke e Pinel. cf. *HL*, "Nascimento do asilo": trata-se de submeter os loucos a um "olhar" e a um "julgamento" perpétuos (visibilidade e enunciado). O mesmo quanto à "humanização" das penas no século XVIII: *VP*, "A Punição generalizada". E, sobre a tendência à abolição da pena de morte. *VS*, 181: trata-se de adaptar o castigo a um Poder que não se propõe mais, em geral, a decidir a morte, mas a "gerir e controlar" a vida.

[7] Sobre o sujeito do enunciado, *AS*, 121-126. E sobre o grande murmúrio, cf. *OD*, começo, *QA*, fim.

qual Foucault sempre oporá a preexistência da terceira pessoa enquanto não pessoa); ou pelo significante enquanto organização interna ou direção primeira à qual a linguagem remete (o estruturalismo linguístico, o "isso fala" ao qual Foucault opõe a preexistência de um *corpus* ou de um conjunto dado de enunciados determinados); ou, finalmente, por uma experiência originária, uma cumplicidade primeira com o mundo que nos abriria a possibilidade de falar dele, e faria do visível a base do enunciável (a fenomenologia, o "Mundo diz", como se as coisas visíveis já murmurassem um sentido que a nossa linguagem só precisaria levantar, ou como se a linguagem se apoiasse num silêncio expressivo, ao qual Foucault opõe uma diferença de natureza entre ver e falar).[8]

A linguagem é dada por inteiro ou não é dada. Qual é, então, a condição do enunciado? É o "há linguagem", "o ser da linguagem" ou o ser-linguagem, isto é, a dimensão que o constitui e que não se confunde com nenhuma das direções às quais ele remete. "Negligenciar o poder que ela tem de designar, de nomear, de mostrar, de fazer aparecer, de ser o lugar do sentido ou da verdade, e em compensação se demorar no momento – logo solidificado, logo envolvido no jogo do significante e do significado – que determina sua existência singular e limitada."[9] Mas, justamente, o que é que dá sentido concreto a essa tese de Foucault, o que é que o impede de oscilar numa generalidade de direção, fenomenológica ou linguística, o que é que lhe permite invocar uma existência singular e limitada? Foucault está perto do "distribucionalismo" e, segundo a existência da *Arqueologia*, parte sempre de um *corpus* determinado e não infinito, por mais diverso que seja, de palavras e textos, de frases e proposições, emitidos numa época e cujas "regularidades" enunciativas ele procura destacar. Assim, a própria condição é histórica, o *a priori* é histórico: o grande murmúrio, em outras palavras o ser-linguagem ou o "há" da linguagem, não é menos singular, "ser enigmático e precário" que não se pode isolar desse ou daquele modo. Cada época tem a sua maneira de reunir a linguagem, em função de seus *corpus*. Por exemplo, se o ser da linguagem na idade clássica aparece inteiro na representação cuja quadrícula ele desenha, no século XIX, em compensação, ele escapa às funções representativas, sob o risco de perder sua unidade de "reunidor", mas para reencontrá-la em outro lugar e sob outro modo,

---

[8] Esboço desses três temas em *OD*, 48-51.
[9] *AS*, 145-148: é o texto essencial sobre o "há linguagem", ao qual se somará todo o final de *PC* (sobre o "ser da linguagem", 316-318, 395-397; e também 57-59).

na literatura como nova função ("o homem era uma figura entre dois modos de ser da linguagem"...).¹⁰ Nunca, então, o ser histórico da linguagem reúne esta última na interioridade de uma consciência fundadora, originária ou simplesmente mediatriz; ao contrário, ele constitui uma forma de exterioridade onde os enunciados do *corpus* considerado se dispersam para aparecer, se disseminam. "O *a priori* das positividades não é somente o sistema de uma dispersão temporal, é ele próprio um conjunto transformável."¹¹ Tudo o que acabamos de dizer sobre o enunciado e sua condição aplica-se também à visibilidade. Pois as visibilidades, por sua vez, por mais que se esforcem para não se ocultarem, não são imediatamente vistas nem visíveis. Elas são até mesmo invisíveis enquanto permanecermos nos objetos, nas coisas ou nas qualidades sensíveis, sem nos alçarmos até a condição que as abre. E se as coisas se fecham de novo, as visibilidades se esfumam ou se confundem, a tal ponto que as "evidências" se tornam incompreensíveis a uma outra época: quando a idade clássica reunia num mesmo local os loucos, os vagabundos, os desempregados, "o que para nós não passa de uma sensibilidade indiferenciada era com toda a certeza, para o homem clássico, uma percepção claramente articulada". A condição à qual a visibilidade se refere não é, entretanto, a maneira de ver de um sujeito: o próprio sujeito que vê é um lugar na visibilidade, uma função derivada da visibilidade (é o caso do lugar do rei na representação clássica, ou mesmo do lugar de qualquer observador no regime das prisões). Seria preciso, então, invocar valores imaginários que orientariam a percepção, ou jogos de qualidades sensíveis que constituiriam "temas perceptivos"? Seriam a imagem ou a qualidade dinâmicas que constituiriam a condição do visível, e Foucault, na *História da Loucura*, se exprime às vezes à maneira de Bachelard.¹² Mas ele chega rapidamente a outra solução. Se as arquiteturas, por exemplo, são visibilidades, locais de visibilidade, é porque não são meras figuras de pedra, isto é, agenciamentos de coisas e combinações de qualidades, mas, antes de mais nada, formas de luz que distribuem o claro e o obscuro, o opaco e o transparente, o visto e

---

¹⁰ PC, 313-318 (sobre a função da literatura moderna na reunião da linguagem. PC, 59, 313, VHI, 28-29).
¹¹ AS, 168.
¹² Cf., especialmente, HL, cap. "Figuras da loucura", no qual são invocadas "as leis semiperceptivas, semi-imaginárias de um mundo qualitativo".

o não visto, etc. Em páginas célebres, *As Palavras e as Coisas* descreve o quadro de
Velásquez, *As Meninas*, como um regime de luz que abre o espaço da representação clássica e distribui nele o que é visto e os que veem, as trocas e os reflexos, até o lugar do rei, que só pode ser induzido como estando fora do quadro (não é um regime de luz totalmente diferente o descrito no manuscrito destruído sobre Manet, com outra utilização do espelho, outra distribuição dos reflexos?). Por seu lado, *Vigiar e Punir* descreve a arquitetura da prisão, o Panóptico, como uma forma luminosa que banha as células periféricas e mantém a torre central opaca, distribuindo os prisioneiros que são vistos sem ver, e o observador qualquer que vê tudo sem ser visto. Da mesma forma que os enunciados são inseparáveis dos regimes, as visibilidades são inseparáveis das máquinas. Não que toda máquina seja óptica; mas é uma reunião de órgãos e de funções que faz ver alguma coisa e que coloca sob as luzes, em evidência (a "máquina-prisão", ou as máquinas de Roussel). *Raymond Roussel* já fornecia a fórmula mais geral: uma luz primeira que abre as coisas e faz surgirem as visibilidades como relâmpagos e cintilações, como "luz segunda".[13] E *O Nascimento da Clínica* podia ter como subtítulo "arqueologia do olhar" na medida em que cada formação médica histórica modulava uma luz primeira, e constituía um espaço de visibilidade da doença, fazendo reverberarem os sintomas, quer como a clínica, desdobrando capas em duas dimensões, quer como a anatomia patológica, redobrando-as segundo uma terceira dimensão que devolve ao olho a profundidade e ao mal um volume (a doença como "autópsia" do vivo).

Existe, então, um "há" luz, um ser da luz ou um ser-luz, exatamente como um ser-linguagem. Cada um é um absoluto, e no entanto histórico, porque inseparável da maneira pela qual cai sobre uma formação, sobre um *corpus*. E um torna as visibilidades visíveis ou perceptíveis, tal como o outro tornava os enunciados enunciáveis, dizíveis ou legíveis. Desta forma, as visibilidades não são nem os atos de um sujeito vidente nem os dados de um sentido visual (Foucault renega o subtítulo "arqueologia do olhar"). Assim como o visível não se reduz a uma coisa ou qualidade sensíveis, o ser-luz não se reduz a um meio físico: Foucault está mais próximo de Goethe do que de Newton. O ser-luz é uma condição estritamente indivisível, um *a priori* que é o

---

[13] *RR*, 140.

único capaz de trazer as visibilidades à visão e, ao mesmo tempo, aos outros sentidos, a cada vez conforme combinações também visíveis: por exemplo, o tangível é uma maneira pela qual o visível esconde outro visível. O que *O Nascimento da Clínica* já desvendava era um "olhar absoluto", uma "visibilidade virtual", uma "visibilidade fora do olhar", que dominava todas as experiências perceptivas e não convidava à visão sem convidar também os outros campos sensoriais, a audição e o tato.[14] As visibilidades não se definem pela visão, mas são complexos de ações e de paixões, de ações e de reações, de complexos multissensoriais que vêm à luz. Como diz Magritte numa carta a Foucault, o que vê, e pode ser descrito visivelmente, é o pensamento. Será então que devemos aproximar essa luz primeira de Foucault à *Lichtung* de Heidegger, de Merleau-Ponty, o livre e o aberto, que só num plano secundário diz respeito à visão? Com duas diferenças, apenas: é que o ser-luz segundo Foucault é inseparável desse ou daquele modo e, sendo *a priori*, não deixa de ser histórico e epistemológico, mais que fenomenológico; por outro lado, ele não está aberto à fala tanto quanto à visão, pois a fala enquanto enunciado encontra uma condição de abertura totalmente diferente no ser-linguagem e em seus modos históricos. O que se pode concluir é que cada formação histórica vê e faz ver tudo o que pode, em função de suas condições de visibilidade, assim como diz tudo o que pode, em função de suas condições de enunciado. Nunca existe segredo, embora nada seja imediatamente visível, nem diretamente legível. E, de um lado e de outro, as condições não se reúnem na interioridade de uma consciência ou de um sujeito, assim como não compõem um Mesmo: são duas formas de exterioridade nas quais se dispersam, se disseminam, aqui os enunciados, lá as visibilidades. A linguagem "contém" as palavras, as frases e proposições, mas não contém os enunciados que se disseminam segundo distâncias irredutíveis. Os enunciados se dispersam conforme seu limiar, conforme sua família. O mesmo acontece com a luz que contém os objetos, mas não as visibilidades. Da mesma forma, como vimos, é um erro crer que Foucault se interessa pelos meios de internamento como tais: o hospital, a prisão, são, antes de tudo, lugares de visibilidade dispersos numa forma de exterioridade, remetendo a uma função extrínseca, a de isolar, a de enquadrar...

---

[14] *NC*, 167 (e "quando Corvisart ouve um coração que funciona mal e Laennec uma voz aguda que treme, é uma hipertrofia, e é um derrame que eles veem, com esse olhar que secretamente perpassa a sua audição e, para além dela, a anima").

Não é uma história das mentalidades, nem dos comportamentos. Falar e ver, ou melhor, os enunciados e as visibilidades, são elementos puros, condições *a priori* sob as quais todas as ideias se formulam num momento e os comportamentos se manifestam. Essa busca das condições constitui uma espécie de neo-kantismo característico de Foucault. Há, entretanto, diferenças essenciais em relação a Kant: as condições são as da experiência real, e não as de toda experiência possível (os enunciados, por exemplo, supõem um *corpus* determinado); elas estão do lado do "objeto", do lado da formação histórica, e não de um sujeito universal (o próprio *a priori* é histórico); ambas são formas de exterioridade.[15] Mas, se existe neo-kantismo, é porque as visibilidades formam, com suas condições, uma Receptividade, e os enunciados, com as suas, uma Espontaneidade. Espontaneidade da linguagem e receptividade da luz. Não bastaria então identificar receptivo com passivo e espontâneo com ativo. Receptivo não quer dizer passivo, porque há tanto de ação quanto de paixão no fato de a luz fazer ver. Espontâneo não quer dizer ativo, mas sim a atividade de um "Outro" que se exerce sobre a forma receptiva. Já era assim em Kant, para quem a espontaneidade do Eu penso se exercia sobre seres receptivos que a representavam para si necessariamente como outro.[16] Eis que, em Foucault, a espontaneidade do entendimento, *Cogito*, dá lugar à da linguagem (o "há" linguagem), enquanto a receptividade da intuição dá lugar à da luz (nova forma do espaço-tempo). Que haja um primado do enunciado sobre o visível se explica, assim, facilmente: *A Arqueologia do Saber* pode reivindicar um papel *determinante* dos enunciados como formações discursivas. Mas as visibilidades não são menos irredutíveis, porque elas remetem a uma forma do *determinável*, que não se deixa reduzir, de forma alguma, à da determinação. Era a grande ruptura de Kant com Descartes: a forma da determinação (eu penso) não se refere a um indeterminado (eu sou), mas à forma de um puro determinável (espaço-tempo). O problema é o da coadaptação das duas formas, ou das duas espécies de condições, que diferem em natureza. É esse problema transformado, que encontramos em Foucault: a relação entre os dois "há", entre a luz e a linguagem, entre as visibilidades determináveis e os enunciados determinantes.

---

[15] *PC*, 257; *AS*, 167 (e, sobre a "forma da exterioridade", 158-161).
[16] É o que a primeira edição da *Crítica da Razão Pura* chama "paradoxo do sentido interno", especialmente 136. PUF.

Desde o princípio, uma das teses essenciais de Foucault é a da diferença de natureza entre o visível e o enunciável (embora eles se insiram um no outro e não parem de se interpenetrar, compondo cada estrato ou cada saber). Talvez seja esse o aspecto, o primeiro aspecto em que Foucault se une a Blanchot: "falar não é ver". Mas, enquanto Blanchot insistia no primado do falar como determinante, Foucault, apesar das primeiras aparências, mantém a especificidade do ver, a irredutibilidade do visível como determinável.[17] Entre os dois não há isomorfismo, não há conformidade, embora haja pressuposição recíproca e primado do enunciado. Mesmo *A Arqueologia do Saber*, que insiste no primado, dirá: nem causalidade de um a outro, nem simbolização entre os dois, e se o enunciado tem um objeto, é um objeto discursivo que lhe é próprio, que não é isomorfo ao objeto visível. É claro que sempre se pode *sonhar* com o isomorfismo: seja um sonho epistemológico, como quando a clínica coloca uma identidade de estrutura "entre o visível e o enunciável", o sintoma e o signo, o espetáculo e a fala; seja um sonho estético, quando um "caligrama" dá uma mesma forma ao texto e ao desenho, ao linguístico e ao plástico, ao enunciado e à imagem.[18] Em seu comentário a Magritte, Foucault mostra que reinava sempre "a pequena faixa delgada, incolor e neutra" que separa o texto e a figura, o desenho do cachimbo e o enunciado "isto é um cachimbo", a ponto de enunciado tornar-se "isto não é um cachimbo", já que nem o desenho, nem o enunciado, nem o isto como forma supostamente comum são um cachimbo...: "nem no quadro-negro nem em cima dele, o desenho do cachimbo e o texto que deveria nomeá-lo não acham onde se encontrar", é uma "não relação".[19] Talvez seja a versão humorística de um procedimento que Foucault havia instaurado em seus estudos de história. Pois a *História da Loucura* mostrava isso: o hospital geral enquanto forma do conteúdo

---

[17] Cf. Blanchot, *L'Entretien Infini*. Gallimard. "Falar não é ver". É o texto mais decisivo de Blanchot sobre um tema que está presente em toda a sua obra. E, certamente, esse texto reserva um estatuto particular ao "ver" ou à imagem visual (42; também *L'Espace Littéraire*, 266-277). Mas esse estatuto permanece ambíguo, como diz o próprio Blanchot, porque ele mais confirma que falar não é ver do que afirma que ver não seja falar. É que Blanchot ainda é, de certa forma, cartesiano: o que ele coloca em relação (ou em "não relação") é a determinação e o indeterminado puro. Foucault, por sua vez, é mais kantiano: a relação ou não relação é entre duas formas, a determinação e o determinável.
[18] Sobre o "sonho" de isomorfismo que perpassa a clínica. *NC*, 108-117: sobre o caligrama. *INP*, 19-25.
[19] *INP*, 47, onde Foucault retoma a expressão de Blanchot, "a não relação".

ou lugar de visibilidade da loucura não tinha absolutamente sua origem na medicina, mas na polícia; e a medicina enquanto forma de expressão, agente de produção para os enunciados de "desrazão", desdobrava seu regime discursivo, seus diagnósticos e seus tratamentos para fora do hospital. Comentando Foucault, Maurice Blanchot dirá: diferença, enfrentamento da desrazão *e* da loucura. *Vigiar e Punir* retomará um tema próximo aprofundando-o: a prisão como visibilidade do crime não deriva do direito penal como forma da expressão; ela vem de uma perspectiva totalmente diferente, "disciplinar" e não jurídica; e o direito penal, por sua vez, produz enunciados de "delinquência" independentemente da prisão, como se fosse sempre levado a dizer, de certa forma, isto *não é* uma prisão... As duas formas não têm a mesma formação, a mesma gênese ou genealogia, no sentido arqueológico de *Gestaltung*. E no entanto há encontro, ainda que por um passe de mágica: dir-se-ia que a prisão substitui o delinquente penal por outro personagem, e, graças a essa substituição, produz ou reproduz delinquência, ao mesmo tempo que o direito produz e reproduz presos.[20] Entre os dois, alianças se fazem e se desfazem, assim como cruzamentos, sobre determinado estrato e em determinado limiar. Como explicar que, para Foucault, como para Blanchot, a não relação seja ainda uma relação, e até mesmo uma relação mais profunda?

Pode-se dizer, com efeito, que há "jogos de verdade", ou melhor, processos (*procédures*)* do verdadeiro. A verdade é inseparável do processo que a estabelece (*Vigiar e Punir* comparará o "interrogatório inquisitorial", como modelo das ciências da natureza no fim da Idade Média, ao "exame disciplinar", modelo das ciências humanas no fim do século XVIII). Mas em que consiste um processo (*procédure*)? Talvez seja feito, *grosso modo*, de um *processas*** e de um procedimento (*procédé*), pragmatismo. O *processus* é o de ver, e coloca ao saber uma série de questões: o que é que se vê sobre tal estrato nesse ou naquele limiar? Não se pergunta apenas de que objetos se parte, que qualidades

---

[20] Certos textos de *VP* colocam a delinquência ao lado da prisão. Mas. na verdade, há duas delinquências, a "delinquência-ilegalismo". que remete aos enunciados, e a "delinquência-objeto", que remete à prisão. O que importa é que *VF* assinala a heterogeneidade entre a evolução do direito penal e o surgimento da prisão no século XVIII tão firmemente quando *HL* assinalava uma heterogeneidade radical entre o surgimento do asilo e o estado da medicina no século XVII.

* *Procédure*: processo no sentido jurídico. (N. T.)
** Marcha, desenvolvimento. (N. T.)

segue, em que estados de coisas se instala (*corpus* sensível), mas: como se extraem, desses objetos qualidades e coisas, visibilidades? de que maneira estas cintilam, reverberam, e sob que luz, como a luz se junta ao estrato? E mais, quais são as posições do sujeito como variáveis dessas visibilidades? Quem as ocupa e vê? Mas há também procedimentos (*procédés*) de linguagem, tão diferentes de um estrato a outro quanto entre dois autores insólitos – por exemplo, o "procedimento" (*procédé*) de Roussel e o de Brisset.[21] Qual é o *corpus* de palavras, de frases e de proposições? Como se extraem, dele, os "enunciados" que as atravessam? Sob qual agregamento de linguagem esses enunciados se dispersam, conforme as famílias e os limiares? E quem fala, isto é, quais são os objetos do enunciado como variáveis e que vêm preencher o lugar deles? Em suma, existem procedimentos (*procédés*) enunciativos e *processos* maquínicos. Há uma abundância de questões que constituem, de cada vez, o problema da verdade. O *Uso dos Prazeres* tira a conclusão de todos os livros precedentes quando mostra que o verdadeiro só se dá ao saber através de "problematizações" e que as problematizações só se criam a partir de "práticas", práticas de ver e práticas de dizer.[22] Essas práticas, o *processus* e o procedimento (*procédé*) constituem os processos (*procédures*) do verdadeiro, "uma história da verdade". Mas é preciso que as duas metades do verdadeiro entrem em relação, problematicamente, no próprio instante em que o problema da verdade exclui sua correspondência ou sua conformidade. Para tomar um exemplo bem sumário, na psiquiatria: é o mesmo homem que se pode ver num asilo e que se pode enunciar como louco? Por exemplo é fácil "ver" a loucura paranoica do presidente Schreber e interná-lo no asilo, mas é preciso retirá-lo dali porque depois é muito difícil "enunciar" sua loucura. Ocorre o inverso com um monomaníaco: é fácil enunciar sua loucura, mas é muito difícil vê-la a tempo e interná-lo quando necessário.[23] Muitas pessoas que estão no asilo não deveriam estar, mas também muitas que não estão deveriam estar: a psiquiatria do século XIX é construída sobre esta constatação que "problematiza" a loucura, longe de formar dela um conceito unívoco e certo.

---

[21] Cf. *GL*, XVI: comparação dos três "procedimentos" (*procédés*) – Roussel, Brisset e Wolfson.
[22] *UP*, 17.
[23] Cf. *EPR*, caso de monomania criminal, que coloca um problema essencial para a psiquiatria do século XIX.

O verdadeiro não se define por uma conformidade ou uma forma comum, nem por uma correspondência entre as duas formas. Há disjunção entre falar e ver, entre o visível e o enunciável: "*o que se vê não se aloja mais no que se diz*", e inversamente. A conjunção é impossível por duas razões: o enunciado tem seu próprio objeto correlativo, que não é uma proposição a designar um estado de coisas ou um objeto visível, como desejaria a lógica; mas o visível não é tampouco um sentido mudo, um significado de força que se atualizaria na linguagem, como desejaria a fenomenologia. O arquivo, o audiovisual é disjuntivo. Por isso não surpreende que os exemplos mais completos da disjunção ver-falar se encontram no cinema. Com os Straub, com Syberberg, com Marguerite Duras, as vozes caem de um lado, como uma "história" que não tem mais lugar, e o visível do outro lado, como um lugar esvaziado que não tem mais história.[24] Em *India Soup*, de Marguerite Duras, as vozes evocam ou fazem surgir um antigo baile que nunca será mostrado, enquanto a imagem visual mostra outro baile, mudo, sem que nenhum *flashback* possa operar uma junção visível, sem que nenhuma voz *off* opere qualquer junção sonora; já *La Femme du Gange* se apresentava como a concomitância de dois filmes, "o filme da imagem e o filme das vozes", sendo um vazio o único "fator de ligação", ao mesmo tempo charneira e interstício. Entre os dois, há um perpétuo corte irracional. E, no entanto, não são quaisquer vozes sobre quaisquer imagens. Certamente, não há encadeamento indo do visível ao enunciado ou do enunciado ao visível. Mas há um perpétuo reencadeamento sobre a ruptura irracional ou por sobre o interstício. É nesse sentido que o visível e o enunciado formam um estrato, mas sempre atravessado, constituído por uma fissura central arqueológica (Straub). Enquanto nos atemos às coisas e às palavras, podemos acreditar que falamos do que vemos, que vemos aquilo de que falamos e que os dois

---

[24] Cf. os comentários de Ishaghpour, especialmente sobre Marguerite Duras. *D'Une Image à l'Autre*. Médiations. E a análise de *Détruire dit-elle* por Blanchot *L'Amitié*. Gallimard. Foucault se interessou bastante pelo filme de René Allio sobre *EPR*. É que havia um problema quanto à relação entre os atos de Pierre Rivière e o texto que este escreveu (cf. as observações de Foucault: "O texto não relata o gesto, mas de um a outro há toda uma trama de relações", 266): o filme devia então enfrentar esse problema e resolvê-lo à sua maneira. E, com efeito, Allio não se contenta com uma voz em *off*, mas utiliza diversos meios para tornar sensíveis os deslocamentos ou mesmo as disjunções entre o visto e o enunciado, a imagem visual e a imagem sonora (a partir do primeiro plano, vê-se uma árvore no campo deserto, enquanto se escutam os ruídos e as fórmulas do tribunal do júri).

se encadeiam: é que permanecemos num exercício empírico. Mas, assim que abrimos as palavras c as coisas, assim que descobrimos os enunciados e as visibilidades, a fala e a visão se alçam a um exercício superior, "*a priori*", de forma a cada uma atingir seu próprio limite que a separa da outra, um visível que tudo o que pode é ser visto, um enunciável que tudo o que pode é ser falado. E entretanto, ainda, o limite próprio que separa cada uma é também o limite comum que relaciona uma à outra e que teria duas faces assimétricas, fala cega e visão muda. Foucault está singularmente próximo do cinema contemporâneo.

Então, como a não relação é relação? Ou será que há contradição entre essas duas declarações de Foucault: de um lado, "por mais que se diga o que se vê, o que se vê não se aloja jamais no que se diz, e por mais que se faça ver o que se está dizendo por imagens, metáforas, comparações, o lugar onde estas resplandecem não é aquele que os olhos descortinam, mas o que as sucessões da sintaxe definem"; de outro lado, "é preciso admitir, entre a figura e o texto, toda uma série de entrecruzamentos, ou antes ataques lançados de um ao outro, flechas dirigidas contra o alvo adversário, operações de solapamento e de destruição, golpes de lança e os ferimentos, uma batalha "quedas de imagens em meio às palavras, relâmpagos verbais que rasgam os desenhos "incisões do discurso na forma das coisas", e inversamente.[25] As duas espécies de texto não se contradizem em nada. O primeiro diz que não há isomorfismo ou homologia, nem forma comum entre o ver e o falar, o visível e o enunciável. O segundo diz que as duas formas se insinuam uma na outra, como numa batalha. A convocação a uma batalha significa, justamente, que não há isomorfia. É que as duas formas heterogêneas comportam uma condição e um condicionado, a luz e as visibilidades, a linguagem e os enunciados; mas a condição não "contém" o condicionado, ela o dá num espaço de disseminação, e se dá a si mesma como uma forma de exterioridade. É, então, entre o visível e sua condição que os enunciados se infiltram um no outro, como entre os dois cachimbos de Magritte. É entre o enunciado e sua condição que as visibilidades se insinuam, como em Roussel, que não abre as palavras sem fazer surgir o visível (e também não abre as coisas sem fazer surgir o enunciado). Tentamos mostrar atentamente como a forma de visibilidade "prisão" engendrava enunciados segundos

---

[25] *PC*, 25: *INP*, 30, 48, 50. *INP* apresenta as duas espécies de texto e explora-os ao máximo.

que renovavam a delinquência, com a possibilidade de os enunciados penais engendrarem visíveis segundos que reforçariam a prisão. Ainda mais, são os enunciados e as visibilidades que se atracam diretamente como lutadores, se combatem e se capturam, constituindo a cada vez a "verdade". Vem daí a fórmula de Foucault: "falar e dar a ver no mesmo movimento..., prodigioso entrecruzamento".[26] Falar e ver *ao mesmo tempo*, embora não sejam a mesma coisa, embora não se fale do que se vê e não se veja aquilo de que se fala. Mas os dois compõem o estrato e, de um estrato a outro, se transformam ao mesmo tempo (ainda que não segundo as mesmas regras).

Todavia, essa primeira resposta (a luta, o atracamento, a batalha, a dupla insinuação) ainda não é suficiente. Ela não dá conta do primado do enunciado. O enunciado tem primazia graças à espontaneidade de sua condição (linguagem), que lhe dá uma forma determinante. O visível, por sua vez, graças à receptividade da sua (luz), tem apenas a forma do determinável. Pode-se, então, considerar que a determinação vem sempre do enunciado, embora as duas formas difiram em natureza. Eis por que Foucault distingue um novo aspecto na obra de Roussel: não se trata apenas de abrir as coisas para induzir enunciados, nem de abrir as palavras para conduzir visibilidades, mas de fazer germinar e proliferar os enunciados, em virtude de sua espontaneidade, de tal modo que eles exerçam sobre o visível uma determinação infinita.[27] Em suma, eis uma segunda resposta ao problema da relação entre as duas formas: apenas os enunciados são determinantes, e fazem ver, embora façam ver algo diferente do que dizem. Não surpreenderá que, na *Arqueologia do Saber*, o visível seja designado só negativamente, no limite, como o não discursivo, mas que o discursivo tenha um número maior de relações discursivas com o não discursivo. Entre o visível e o enunciável devemos preservar todos esses aspectos ao mesmo tempo: heterogeneidade das duas formas; diferença de natureza ou anisomorfia; pressuposição recíproca entre as duas, combates e capturas mútuas; primado bem determinado de uma sobre a outra.

---

[26] *RR*, 147.
[27] Esta é a razão pela qual Foucault distingue, afinal, três espécies de obras em Roussel: não apenas as obras de máquinas, onde as visibilidades captam ou suscitam enunciados (por exemplo. *La Vue*) e as obras de procedimento, onde os enunciados provocam visibilidades (por exemplo, *Impressions d'Afrique*). mas ainda a obra infinita (*Nouvelles Impressions d'Afrique*), onde o enunciado prolifera em parênteses de parênteses, e prossegue até o infinito a determinação do visível. Cf. *RR*, cap. 7.

Entretanto, essa segunda resposta não é suficiente. Se a determinação é infinita, como é que o determinável não seria inesgotável, tendo uma forma que não é a da determinação? Como é que o visível não se esquivaria, eternamente determinável, quando os enunciados o determinam infinitamente? Como impedir que o objeto fuja? Não é nesse ponto que a obra de Roussel finalmente encalha, não no sentido de fracasso, mas no sentido marítimo? "Aqui a linguagem é disposta em círculo no interior de si mesma, escondendo o que dá a ver, desviando do olhar o que se propunha a lhe oferecer, escorrendo numa velocidade vertiginosa em direção a uma cavidade invisível onde as coisas estão fora de acesso e onde ela desaparece em sua louca perseguição".[28] Kant já havia passado por uma aventura semelhante: a espontaneidade do entendimento só exercia sua determinação sobre a receptividade da intuição se esta continuasse a opor a sua forma do determinável à da determinação. Foi preciso então que Kant invocasse uma terceira instância além das duas formas, essencialmente "misteriosa" e capaz de dar conta de sua coadaptação como Verdade. Era o *esquema* da imaginação. A palavra "enigmático" em Foucault corresponde ao mistério de Kant, embora num conjunto totalmente diferente e sob outras distribuições. Mas também em Foucault é necessário que uma terceira instância coadapte o determinável e a determinação, o visível e o enunciável, a receptividade da luz e a espontaneidade da linguagem, operando além das duas formas ou aquém destas. É nesse sentido que Foucault dizia que o combate implica uma *distância* através da qual os adversários "trocam suas ameaças e suas palavras" e que o lugar de enfrentamento implica um "não lugar" que testemunha que os adversários não pertencem ao mesmo espaço ou não dependem da mesma forma.[29] Similarmente, analisando Paul Klee, Foucault diz que as figuras visíveis e os signos da escritura se combinam, *mas numa outra dimensão, que não a de suas formas respectivas*.[30] Eis, então, que devemos saltar para uma outra dimensão, além do estrato e de suas duas formas, terceira dimensão informe que dará conta tanto da composição estratificada das duas formas quanto do primado de uma sobre a outra. Em que consiste essa dimensão, esse novo eixo?

---

[28] *RR*, 172.
[29] *NGH*, 156.
[30] *INP*, 40 42.

As estratégias ou o não estratificado: o pensamento do lado de fora (poder)

O que é o Poder? A definição de Foucault parece bem simples: o poder é uma relação de forças, ou melhor, toda relação de forças é uma "relação de poder". Compreendamos primeiramente que o poder não é uma forma, por exemplo, a forma-Estado; e que a relação de poder não se estabelece entre duas formas, como o saber. Em segundo lugar, a força não está nunca no singular, ela tem como característica essencial estar em relação com outras forças, de forma que toda força já é relação, isto é, poder: a força não tem objeto nem sujeito a não ser a força. Não se deve ver nisto uma volta ao direito natural, porque o direito, por sua conta, é uma forma da expressão, a Natureza uma forma da visibilidade *e a violência um concomitante ou um consequente da força, mas não um seu constituinte.* Foucault está mais perto de Nietzsche (e também de Marx), para quem a relação de forças ultrapassa singularmente a violência, e não pode ser definida por ela. É que a violência afeta corpos, objetos ou seres determinados, cuja forma ela destrói ou altera, enquanto a força não tem outro objeto além de outras forças, não tem outro ser além da relação: é "uma ação sobre a ação, sobre as ações eventuais, ou atuais, futuras ou presentes", é "um conjunto de ações sobre ações possíveis". Pode-se então conceber uma lista, necessariamente aberta, de variáveis exprimindo uma relação de forças ou de poder, constituindo ações sobre ações: incitar, induzir, desviar, tornar fácil ou difícil, ampliar ou limitar, tornar mais ou menos provável...[1] Essas são as categorias do poder. *Vigiar e Punir* havia estabelecido, nesse sentido, uma lista mais detalhada dos valores que a relação de forças assumia no decorrer do século XVIII: *dividir no espaço* (o que resultava nas práticas específicas de internar, enquadrar, ordenar, colocar em série...), *ordenar no tempo*

---

[1] "Deux essais sur le sujet et le pouvoir", in Dreyfus e Rabinow, *Michel Foucuut, un Parcours Philosophique*, Gallimar, 313.

(subdividir o tempo, programar o ato, decompor o gesto...), *compor no espaço-tempo* (todas as maneiras de "constituir uma força produtiva cujo efeito deve ser superior à soma das forças elementares que a compõem")... É por essa razão que as grandes teses de Foucault sobre o poder, como vimos anteriormente, desenvolvem-se em três rubricas: o poder não é essencialmente repressivo (já que "incita, suscita, produz"); ele se exerce antes de se possuir (já que só se possui sob uma forma determinável – classe – e determinada – Estado); passa pelos dominados tanto quanto pelos dominantes (já que passa por todas as forças em relação). Um profundo nietzscheísmo.

Não nos perguntamos "o que é o poder? e de onde vem?", mas – como se exerce? Um exercício de poder aparece como um afeto, já que a própria força se define por seu poder de afetar outras forças (com as quais ela está em relação) e de ser afetada por outras forças. Incitar, suscitar, produzir (ou todos os termos de listas análogas) constituem afetos ativos, e ser incitado, suscitado, determinado a produzir, ter um efeito "útil", afetos reativos. Estes não são simplesmente a "repercussão" ou o "reverso passivo" daqueles, mas antes o "irredutível interlocutor", sobretudo se considerarmos que a força afetada não deixa de ter uma capacidade de resistência.[2] Ao mesmo tempo, é cada força que tem o poder de afetar (outras) e de ser afetada (por outras, novamente), de tal forma que cada força implica relações de poder; e todo campo de forças reparte as forças em função dessas relações e de suas variações. Espontaneidade e receptividade adquirem agora um novo sentido – afetar, ser afetado.

O poder de ser afetado é como uma *matéria* da força, e o poder de afetar é como uma *função* da força. Só que se trata de uma pura função, isto é, uma função não formalizada, tomada independentemente das formas concretas em que ela se encarna, dos objetivos que satisfaz e dos meios que emprega: física da ação, é uma física da ação abstrata. E trata-se de uma pura matéria, não formada, tomada independentemente das substâncias formadas, dos seres ou dos objetos qualificados nos quais ela entrará: é uma física da matéria-prima ou nua. As categorias de poder são então as determinações características de ações consideradas como "quaisquer", e de suportes quaisquer. Assim, *Vigiar e Punir* define o Panóptico pela pura função de impor uma tarefa ou um comportamento quaisquer a uma multiplicidade qualquer de indivíduos,

---

[2] *VS*, 126-127.

sob a única condição de que a multiplicidade seja pouco numerosa e o espaço limitado, pouco extenso. Não se consideram nem as formas que dão objetivos e meios à função (educar, tratar, punir, fazer produzir), nem as substâncias formadas sobre as quais se aplica a função ("presos, doentes, escolares, loucos, trabalhadores, soldados"...). E, com efeito, o Panóptico, no fim do século XVIII, atravessa todas essas formas e aplica-se a todas essas substâncias; é nesse sentido que ele é uma categoria do poder, pura função disciplinar. Foucault o chamará então *diagrama*, função que se "deve destacar de qualquer uso específico", como de toda substância especificada.[3] E *A Vontade de Saber* tratará de outra função que emerge ao mesmo tempo: gerir e controlar a vida numa multiplicidade qualquer, desde que a multiplicidade seja numerosa (população), e o espaço extenso ou aberto. É lá que "tornar provável" adquire sentido, entre as categorias de poder, e que se introduzem os métodos probabilísticos. Em suma, as duas funções puras nas sociedades modernas serão a "anatomopolítica" e a "biopolítica", e as duas matérias nuas, um corpo qualquer, uma população qualquer.[4] Poder-se-á então definir o diagrama de diversas maneiras que se encadeiam: é a apresentação das relações de força que caracterizam uma formação; é a repartição dos poderes de afetar e dos poderes de ser afetada; é a mistura das puras funções não formalizadas e das puras matérias não formadas.

Entre as relações de forças que constituem o Poder e as relações de formas que constituem o Saber, não teremos que dizer o que já dissemos quanto às duas formas, aos dois elementos formais do saber? Entre o poder e o saber, há diferença de natureza, heterogeneidade; mas há também pressuposição recíproca e capturas mútuas e há, enfim, primado de um sobre o outro. Primeiramente diferença de natureza, já que o poder não passa por formas, apenas por forças. O saber diz respeito a matérias formadas (substâncias) e a funções formalizadas, repartidas segmento a segmento sob as duas grandes condições formais, ver e falar, luz e linguagem: ele é, pois, estratificado, arquivado, dotado de uma segmentaridade relativamente rígida. O poder, ao contrário, é diagramático: mobiliza matérias e funções não estratificadas, e procede através de uma segmentaridade bastante flexível. Com efeito, ele não passa por formas, mas por *pontos*, pontos singulares que marcam, a

---

[3] VP, 207 (e 229: "Devemos ainda nos admirar que a prisão se pareça com as fábricas, com as escolas, com os quartéis, com os hospitais, e todos se pareçam com as prisões?").
[4] VS, 183-188.

cada vez, a aplicação de uma força, a ação ou reação de uma força em relação às outras, isto é, um afeto como "estado de poder sempre local e instável". Vem daí uma quarta definição do diagrama: este seria uma emissão, uma distribuição de singularidades. Ao mesmo tempo locais, instáveis e difusas, as relações de poder não emanam de um ponto central ou de um foco único de soberania, mas vão a cada instante "de um ponto a outro" no interior de um campo de forças, marcando inflexões, retrocessos, retornos, giros, mudanças de direção, resistências. É por isso que elas não são localizáveis numa instância ou noutra. Constituem uma estratégia, enquanto exercício do não estratificado, e "as estratégias anônimas" são quase mudas e cegas, pois escapam às formas estáveis do visível e do enunciável.[5] As estratégias se distinguem das estratificações, tal como os diagramas se distinguem dos arquivos. É a instabilidade das relações de poder que define um meio estratégico ou não estratificado. Por isso as relações de poder não são *conhecidas*. Nesse aspecto, também, acontece com Foucault mais ou menos como em Kant, para quem a determinação puramente prática é irredutível a toda determinação teórica ou de conhecimento. É verdade que, segundo Foucault, tudo é prática; mas a prática do poder permanece irredutível a toda prática do saber. Para marcar essa diferença de natureza, dirá Foucault que o poder remete a uma "microfísica". Com a condição de não entendermos "micro" como uma simples miniaturização das formas visíveis ou enunciáveis, mas como um outro domínio, um novo tipo de relações, uma dimensão de pensamento irredutível ao saber: ligações móveis e não localizáveis.[6]

Resumindo o pragmatismo de Foucalt, François Châtelet diz muito bem: "o poder como exercício, o saber como regulamento".[7] O Estudo

---

[5] Texto essencial, *VS*, 122-127 (sobre os pontos, as estratégias, sua instabilidade: e. a respeito das resistências, Foucault utilizará explicitamente a linguagem dos pontos singulares nas matemáticas – "os nós, os focos...").

[6] Sobre a "microfísica do poder", *VP*, 140. Sobre a irredutibilidade do micro, *VS*, 132. Seria preciso confrontar o pensamento de Foucault e a sociologia das "estratégias" de Pierre Bourdieu: em que sentido esta constitui uma microssociologia Talvez também fosse necessário remeter ambas à microssociologia de Tarde. O objeto desta eram as relações difusas, infinitesimais, não os grandes conjuntos ou os grandes homens, mas as pequenas ideias dos pequenos homens, uma rubrica de funcionário, um novo costume local, um desvio linguístico, uma torção visual que se propaga. Relaciona-se ao que Foucault chama um *corpus*. Sobre o papel das "minúsculas invenções", texto bastante próximo de Tarde, *VP*, 222.

[7] François Châtelet e Evelyne Pisier, *Les Conceptions Politiques du XXe Siècle*, PUF, 1085.

das relações estratificadas de saber chegava a seu ápice na *Arqueologia*. O das relações estratégicas de poder começa em *Vigiar e Punir* e culmina, paradoxalmente, em *A Vontade de Saber*. É que a diferença de natureza entre poder e saber não impede que haja pressuposição e captura recíprocas, imanência mútua. As ciências do homem não são separáveis das relações de poder que as tornam possíveis e que suscitam saberes mais ou menos capazes de atravessar um limiar epistemológico ou de formar um conhecimento: por exemplo, para uma *scientia sexualis*, a relação penitente-confessor, fiel-diretor de consciência; ou, para a psicologia, as relações disciplinares. Não quer dizer que as ciências do homem vêm da prisão, mas que elas supõem o diagrama das forças do qual a própria visão depende. Inversamente, as relações de força permaneceriam transitivas, instáveis, evanescentes, quase virtuais, em todo caso não conhecidas, se não se efetuassem nas relações formadas ou estratificadas que compõem saberes. Mesmo o saber da Natureza e, sobretudo, a transposição de um limiar de cientificidade, remetem a relações de força entre os homens, mas que se atualizam elas próprias sob esta forma: o conhecimento nunca remete a um sujeito que seria livre face a um diagrama de poder, mas este nunca é livre face aos saberes que o atualizam. Daí a afirmação de um complexo *poder-saber* que une o diagrama e o arquivo, e os articula a partir de sua diferença de natureza. "Entre técnicas de saber e estratégias de poder, nenhuma exterioridade, ainda que cada uma tenha seu papel específico e que se articulem entre si, *a partir de suas diferenças*."[8]

As relações de poder são relações diferenciais que determinam singularidades (afetos). A atualização que as estabiliza, que as estratifica, é uma integração: operação que consiste em traçar "uma linha de força geral", em concatenar as singularidades, alinhá-las, homogeneizá-las, colocá-las em séries, fazê-las convergir.[9] Ainda assim, não há integração global imediatamente. O que há é uma multiplicidade de integrações locais, parciais, cada uma em afinidade com tais relações, tais pontos singulares. Os fatores de integração, agentes de estratificação, constituem instituições: o Estado – mas também a Família, a Religião, a Produção, o Mercado, a própria Arte, a Moral... As instituições não são fontes ou essências, e não têm essência nem interioridade. São práticas, mecanismos operatórios que não explicam o poder, já que supõem as

---

[8] *VS*, 130.
[9] *VS*, 124.

relações e se contentam em "fixá-las" sob uma função reprodutora e não produtora. Não existe Estado, apenas uma estatização, e o mesmo é válido para os outros casos. De modo que, estudando cada formação histórica, será preciso indagar o que cabe a cada instituição existente sobre tal estrato, isto é, que relações de poder ela integra, que relações ela mantém com outras instituições, e como essas repartições mudam, de um estrato ao outro. Aqui, novamente, são problemas de captura bastante variáveis, horizontais e verticais. Se a forma-Estado, em nossas formações históricas, capturou tantas relações de poder, não é porque estas derivem daquela; ao contrário, é porque uma operação de "estatização contínua", por sinal bastante variável de caso em caso, produziu-se na ordem pedagógica, judiciária, econômica, familiar, sexual, visando a uma integração global. Em todo caso, o Estado supõe as relações de poder, longe de ser a sua fonte. O que Foucault exprime dizendo que o governo tem primazia em relação ao Estado, se entendermos por "governo" o *poder de afetar sob todos os aspectos* (governar as crianças, as almas, os doentes, uma família...).[10] Se procurarmos, a partir daí, definir o caráter mais geral da instituição, seja o Estado ou outra, tenderíamos a concluir que ele consiste em organizar as supostas relações poder-governo, que são relações moleculares ou "microfísicas", em torno de uma instância molar: "o" Soberano, ou "a" Lei, no Estado, o Pai, na família, o Dinheiro, o Ouro ou o Dólar no mercado, Deus na religião, "o" Sexo na instituição sexual. *A Vontade de Saber* analisará esses dois exemplos privilegiados, a Lei e o Sexo, e toda a conclusão do livro mostra como as relações diferenciais de uma "sexualidade sem sexo" se integram no elemento especulativo do sexo "enquanto significante único e significado universal", que normaliza o desejo procedendo a uma "histerização" da sexualidade. Mas sempre, um pouco como em Proust, uma sexualidade molecular ferve ou ribomba sob os sexos integrados.

São essas integrações, essas instâncias molares que constituem os saberes (por exemplo, uma *scientia sexualis*). Mas por que aparece uma fissura nesse nível? Foucault observa que uma instituição tem necessariamente dois polos ou dois elementos: os "aparelhos" e as "regras". Pois ela organiza grandes visibilidades – campos de visibilidade – e grandes enunciabilidades – regimes de enunciados. A instituição é biforme, bifacial (o sexo, por exemplo, é ao mesmo tempo o sexo que fala e que

---

[10] Cf. o texto de Foucault sobre os "governos", *in* Dreyfus e Rabinow, 314. E, sobre as instituições, 315.

faz ver, linguagem e luz).¹¹ De modo mais geral, encontramos o resultado das análises anteriores: a integração só atualiza ou opera criando também vias de atualização *divergentes* entre as quais ela se divide. Ou melhor, a atualização só integra criando, também, um *sistema de diferenciação* formal. Em cada formação, uma forma de receptividade que constitui o visível, e uma forma de espontaneidade que constitui o enunciável. Certamente, essas duas formas não coincidem com os dois aspectos da força ou as duas espécies de afetos, receptividade do poder de ser afetado e espontaneidade do poder de afetar. Mas aquelas derivam destes, encontram neles as suas "condições internas". É que a relação de poder não tem forma em si mesma e coloca em contato matérias não formadas (receptividade) e funções não formalizadas (espontaneidade), enquanto as relações de saber, de cada lado, tratam de substâncias formadas e de funções formalizadas, ora sob a espécie receptiva do visível, ora sob a espécie espontânea do enunciável. As substâncias formadas se distinguem pela visibilidade, e as funções formalizadas, finalizadas, se distinguem pelo enunciado. Não se deve, então, confundir as categorias afetivas de poder (do tipo "incitar", "suscitar", etc.) com as categorias formais de saber ("educar", "tratar", "punir"...) que passam por ver e falar, para atualizar as primeiras. Mas é justamente por isso, em virtude desse deslocamento que exclui a coincidência, que a instituição tem a capacidade de integrar as relações de poder, constituindo saberes que as atualizam e as remanejam, *redistribuem-nas*. E, conforme a natureza da instituição considerada, ou melhor, conforme a natureza de sua operação, as visibilidades de um lado e os enunciados do outro atingirão esse ou aquele limiar, que os tornará políticos, econômicos, estéticos... (Um "problema" consistiria evidentemente em saber se um enunciado pode atingir um limiar, por exemplo científico, deixando a visibilidade por baixo. Ou inversamente. Mas é isso o que faz da verdade um problema. Existem visibilidades do Estado, da arte, das ciências, tanto quanto enunciados, sempre variáveis).

Como se dá a atualização-integração? Isso pode ser compreendido, pelo menos em parte, através da *Arqueologia do Saber*. Foucault aponta a "regularidade" como uma propriedade do enunciado. Ora, a regularidade, para Foucault, tem sentido bem preciso: é a curva que une pontos singulares (regra).* Precisamente, as relações de força

---

¹¹ VS analisa essas duas formas, o sexo que fala (101) e o sexo luz (207).
* No original, *régle*: regra, mas também régua. (N. R.)

determinam pontos singulares, de tal modo que um diagrama sempre é uma emissão de singularidades. Mas bem diferente é a curva que os une passando pela sua vizinhança. Albert Lautman mostrou que há "duas realidades absolutamente distintas" nas matemáticas. na teoria das equações diferenciais, embora sejam necessariamente complementares: a existência e a repartição dos pontos singulares num campo de vetores, a forma das curvas integrais em sua vizinhança.[12] Daí provém um método invocado pela *Arqueologia*: uma série se prolonga até a vizinhança de outro ponto singular, do qual parte uma nova série, que ora converge com a primeira (enunciados de mesma "família"), ora diverge (outra família). É nesse sentido que uma curva afeta as relações de força regularizando-as, alinhando-as, fazendo suas séries convergirem, traçando uma "linha de força geral": para Foucault, não só as curvas e os gráficos são enunciados, mas os enunciados são espécies de curvas ou de gráficos. Ou então, para mostrar melhor que os enunciados não se reduzem nem a frases nem a proposições, ele diz que as letras que traço ao acaso sobre uma folha de papel formam um enunciado, "o enunciado de uma série alfabética tendo como lei apenas o aleatório"; do mesmo modo, as letras que copio segundo o teclado de uma máquina de escrever francesa formam um enunciado, A, Z, E, R, T (embora o teclado e as letras que aí estão indicadas não sejam elas mesmas enunciados, já que são visibilidades). Assim, se reunirmos os textos mais difíceis de Foucault, ou os mais misteriosos, concluiremos que o enunciado tem necessariamente uma ligação específica com um lado de fora, com "outra coisa que pode lhe ser estranhamente semelhante e quase idêntica". Será que devemos entender que o enunciado tem ligação com a visibilidade, com as letras do teclado? Certamente que não, pois é justamente essa ligação entre o visível e o enunciável que está em questão. O enunciado não se define, de forma alguma, por aquilo que ele designa ou significa. Eis, parece-nos, o que devemos entender: *o enunciado é a curva que une pontos singulares*, isto é, que efetua ou atualiza relações de forças, tais como existem em francês, entre as letras e os dedos, segundo ordens de frequência e de vizinhança (ou, no outro exemplo, segundo o acaso). Mas *os próprios pontos singulares*, com suas relações de forças, já não eram um enunciado: eram o lado de fora do enunciado, que pode lhe ser estranhamente semelhante e quase

---

[12] Lautman, *Le Problème du Temps*, Hermann, 41-42.

idêntico.[13] Quanto às visibilidades – as letras no teclado, por exemplo –, estas são exteriores ao enunciado, mas não constituem o seu lado de fora. Assim, as visibilidades se encontram na mesma situação dos enunciados, ou seja, uma situação específica que elas devem resolver à sua maneira. As visibilidades também devem estar em ligação com o lado de fora que atualizam, com as singularidades ou as relações de força que vêm a integrar, mas de outra maneira e segundo um modo diferente dos enunciados, já que aquelas são exteriores a estes.

A curva-enunciado integra na linguagem a intensidade dos afetos, as relações diferenciais de forças, as singularidades de poder (potencialidades). Mas é preciso então que as visibilidades as integrem também, de modo completamente diferente, na luz. De modo que a luz, como forma receptiva de integração, deve traçar por sua conta um caminho comparável, mas não correspondente, ao da linguagem como forma da espontaneidade. E a relação das duas formas no seio de sua "não relação" consistirá nas suas respectivas maneiras de fixar relações de forças instáveis, localizar e globalizar difusões, regularizar pontos singulares. Pois as visibilidades, por sua vez, à luz das formações históricas, constituem quadros, que são para o visível o que o enunciado é para o dizível ou o legível. O "quadro" sempre obcecou Foucault, e frequentemente ele emprega essa palavra num sentido bastante genérico, que abarca também os enunciados. Mas é que nesses casos ele confere aos enunciados um alcance descritivo geral, que não lhes pertence num sentido preciso. No sentido mais preciso, o quadro-descrição e a curva-enunciado são poderes heterogêneos de formalização, de integração. Foucault se inscreve numa tradição lógica já antiga, que reivindica uma diferença de natureza entre os enunciados e as descrições (por exemplo, Russell). Esse problema, surgindo no âmbito da lógica, pôde encontrar desenvolvimentos inesperados no romance, com o *nouveau roman*, e depois no cinema. Por isso é tão importante a solução nova que Foucault propõe: o quadro-descrição é a regulação que caracteriza as visibilidades, assim como a curva-enunciado é a regulação que caracteriza as legibilidades. Vem daí a paixão de Foucault em descrever quadros, ou, mais ainda, em fazer descrições que valem por quadros: descrições das *Meninas*, mas

---

[13] *AS*: sobre o enunciado, a curva ou o gráfico, 109; sobre a repartição de acaso ou de frequência, 114; sobre a diferença entre teclado e enunciado, as letras no teclado e no enunciado, 114; sobre "a outra coisa" ou o lado de fora, 117. Sobre o conjunto desses problemas, o texto de Foucault é muito denso e conciso.

também de Manet, de Magritte, e as admiráveis descrições da cadeia de forçados, ou ainda do asilo, da prisão, da viatura penitenciária, como se fossem quadros, e como se Foucault fosse um pintor. Essa é, provavelmente, a sua afinidade, fundada em toda a sua obra, com o *nouveau roman* e com Raymond Roussel. Voltemos à descrição das *Meninas*, de Velázquez: o caminho da luz forma "uma concha em hélice" que torna as singularidades visíveis e as transforma em clarões e reflexos num "ciclo" completo da representação.[14] Assim como os enunciados são curvas, antes de serem frases e proposições, os quadros são linhas de luz. antes de serem contornos e cores. E o que o quadro efetua nessa forma de receptividade são as singularidades de uma relação de forças, aqui a relação do pintor e do soberano, de forma que eles se "alternam num pestanejar sem limite". O diagrama das forças se atualiza ao mesmo tempo em quadros- descrições e curvas-enunciados.

Esse triângulo de Foucault vale para as análises epistemológicas tanto quanto para as estéticas. Além disso, tal como as visibilidades comportam enunciados de captura, os próprios enunciados comportam visibilidades de captura, que continuam a se distinguir mesmo quando elas operam com palavras. É nesse sentido que a análise propriamente literária é capaz, em seu próprio seio, de encontrar a distinção entre os quadros e as curvas: mesmo que as descrições sejam verbais, não deixam de se distinguir dos enunciados. Pensamos em uma obra como a de Faulkner: os enunciados traçam curvas fantásticas que passam por objetos discursivos e posições de sujeitos móveis (um mesmo nome para diversas pessoas, dois nomes para a mesma), e que se inscrevem num ser-linguagem, numa reunião de toda a língua que é a de Faulkner. Mas as descrições desenham um número equivalente de quadros que fazem surgir reflexos, clarões, cintilações, visibilidades variáveis conforme as horas e as estações, e que as distribuem num ser-luz, uma reunião da luz, de toda a luz, cujo segredo Faulkner possui (Faulkner, o maior "luminista" da literatura...). E, por sobre esses dois elementos, o terceiro, os focos de poder, não conhecidos, não vistos, não ditos, focos que roem ou que são roídos, que derrubam uns aos outros e degeneram na família do Sul, todo um devir-negro.

Em que sentido há primado do poder sobre o saber, das relações de poder sobre as relações de saber? É que estas não teriam nada a integrar se não houvesse relações diferenciais de poder. É verdade que

---

[14] *PC*, 27 (e 319).

aquelas seriam evanescentes, embrionárias ou virtuais, não fossem as operações que as integram; daí a pressuposição recíproca. Mas, se há primado, é porque as duas formas heterogêneas do saber se constituem por integração, e entram numa relação indireta, por sobre seu interstício ou "não relação", em condições que só pertencem às forças. Por isso a relação indireta entre as duas formas do saber não implica nenhuma forma comum, nem mesmo uma correspondência, mas apenas o elemento informe das forças que envolve a ambas. O diagramatismo de Foucault, isto é, a apresentação de puras relações de forças ou a emissão de puras singularidades, é então análogo ao esquematismo kantiano; é ele que assegura a relação da qual decorre o saber, relação entre as formas irredutíveis da espontaneidade e da receptividade. E isso enquanto a própria força goza de uma espontaneidade e de uma receptividade que lhe são próprias, embora não formais, ou, antes, porque não formais. Certamente o poder, se considerado abstratamente, não vê e não fala. É uma toupeira, que sabe se orientar apenas em sua rede de galerias, em sua toca múltipla: ele "se exerce a partir de inúmeros pontos", ele "vem de baixo". Mas, justamente, como ele mesmo não fala e não vê, faz ver e falar. Como se apresenta o projeto de Foucault relativo à "vida dos homens infames"? Não se trata de homens célebres que já possuíam palavra e luz, e se tornaram ilustres pelo mal. Trata-se de existências criminais, mas obscuras e mudas, cujo encontro com o poder, cujo choque com o poder coloca-os sob as luzes por um instante e faz com que eles falem. Pode-se mesmo dizer que se não há, sob o saber, uma experiência originária, livre e selvagem, como pretendia a fenomenologia, é porque o Ver e o Falar sempre estiveram inteiramente presos nas relações de poder que eles supõem e atualizam.[15] Por exemplo, se procurarmos determinar um *corpus* de frases e de textos para deles extrair enunciados, só podemos fazê-lo designando os focos de poder (e de resistência) dos quais esses *corpus* depende. Eis o essencial: se as relações de poder implicam as relações de saber, estas, em compensação, supõem aquelas. Se os enunciados só existem dispersos numa forma da exterioridade, se as visibilidades só existem disseminadas numa outra forma de exterioridade, é porque as próprias relações de poder são difusas, multipontuais, inseridas num elemento que não tem, mais, forma sequer. As relações de poder designam "a outra coisa", à qual os

---

[15] *VHI*, 16 (e sobre a maneira pela qual o poder faz ver e falar, coloca sob as luzes e força a falar, 15-17, 27).

enunciados (e as visibilidades também) remetem, embora estes últimos se distingam muito pouco daquelas, graças à operação imperceptível e contínua dos integradores; como diz *A Arqueologia*, a emissão de números ao acaso não é um enunciado, mas a sua reprodução vocal ou sobre uma folha de papel o é. Se o poder não é simples violência, não é só porque ele próprio passa por categorias que exprimem a relação da força com a força (incitar, induzir, produzir um efeito útil, etc.), mas também porque, em relação ao saber, ele produz verdade, enquanto faz ver e faz falar.[16] Ele produz verdade enquanto problema.

O estudo precedente colocava-nos diante de um dualismo bem peculiar a Foucault, ao nível do saber, entre o visível e o enunciável. Mas é preciso observar que o dualismo geralmente tem, pelo menos, três sentidos: ora se trata de um verdadeiro dualismo que marca uma diferença irredutível entre duas substâncias, como em Descartes, ou entre duas faculdades, como em Kant; ora se trata de uma etapa provisória que é ultrapassada em direção a um monismo, como em Espinosa ou em Bergson; ora se trata de uma divisão preparatória que opera no seio de um pluralismo. É o caso de Foucault. Pois, se o visível e o enunciável entram em duelo, é na medida em que suas formas respectivas, como formas de exterioridade, de dispersão ou de disseminação, transformam-nos em dois tipos de "multiplicidade", nenhum dos quais pode ser reduzido a uma unidade: os enunciados só existem numa multiplicidade discursiva, e as visibilidades numa multiplicidade não discursiva. E essas duas multiplicidades desembocam numa terceira, multiplicidade das relações de forças, multiplicidade de difusão que não passa mais pelos dois e se liberou de toda forma dualizável. *Vigiar e Punir* mostra, o tempo todo, que os dualismos são efeitos molares ou massivos que ocorrem nas "multiplicidades". E o dualismo da força, afetar-ser afetado, é apenas o índice, em cada uma, da multiplicidade das forças, é o ser múltiplo da força. Syberberg chega a dizer que a divisão em dois é a tentativa de repartir uma multiplicidade que não é representável sob uma forma única.[17] Mas essa repartição pode apenas distinguir multiplicidades de multiplicidades. Toda a filosofia de Foucault é uma pragmática do múltiplo.

---

[16] *VS*, 76, 98.
[17] Syberberg, *Parsifal. Cahiers du Cinéma*, Gallimard, 46. Syberberg é um dos cineastas que desenvolveram, particularmente, a disjunção ver-falar.

Se as combinações variáveis das duas formas – o visível e o enunciável – constituem os estratos ou formações históricas, a microfísica do poder expõe, ao contrário, as relações de forças num elemento informe e não estratificado. Por isso o diagrama supra-sensível não se confunde com o arquivo audiovisual: ele é como o *a priori* que a formação histórica supõe. No entanto, não há nada sob, sobre e tampouco do lado de fora dos estratos. As relações de forças, móveis, evanescentes, difusas, não estão do lado de fora dos estratos, mas *são* o seu lado de fora. Isso porque os *a priori* da história são, eles próprios, históricos. Poder-se-ia crer, à primeira vista, que o diagrama é monopólio das sociedades modernas: *Vigiar e Punir* analisa o diagrama disciplinar como sendo o que substitui os efeitos da antiga soberania por um enquadramento imanente ao campo social. Mas não é nada disso, cada formação histórica estratificada é que remete a um diagrama de forças como a seu lado de fora. Nossas sociedades disciplinares passam por categorias de poder (ações sobre as ações) que podem ser definidas assim: impor uma tarefa qualquer ou produzir um efeito útil, controlar uma população qualquer ou gerir a vida. Mas as antigas sociedades de soberania se definiam por outras categorias igualmente diagramáticas: confiscar (ação de se apropriar de ações ou produtos, força de confiscar forças) e decidir a morte ("causar a morte ou deixar viver", o que é bem diferente de gerir a vida).[18] Há diagrama num caso tanto quanto no outro. Foucault assinalava ainda um outro diagrama ao qual remetia a comunidade da Igreja mais do que a sociedade de Estado, diagrama "pastoral", cujas categorias ele especificava: apascentar um rebanho..., como relação de forças ou ação sobre ação.[19] Pode-se falar de um diagrama grego, como veremos, de um diagrama romano, de um diagrama feudal... A lista é infinita, como a das categorias de poder (e o diagrama disciplinar não é, certamente, o último). Dir-se-ia, de certa maneira, que os diagramas se comunicam, por cima, por baixo dos estratos respectivos ou entre eles (é assim que se pode definir um diagrama "napoleônico" como interestrático, intermediário entre a antiga sociedade de soberania e a nova sociedade de disciplina que ele prefigura).[20] E é justamente nesse sentido que o diagrama se distingue dos estratos: apenas a formação estratificada lhe dá uma estabilidade que ele não tem por si mesmo, em

---

[18] VS, 178-179.
[19] Cf. as quatro categorias do poder pastoral, *in* Dreyfus e Rabinow, 305.
[20] VP, 219.

si mesmo ele é instável, agitado, mesclado. É o caráter paradoxal do *a priori*, uma microagitação. É que as forças em relação são inseparáveis das variações de suas distâncias ou de suas relações. Em suma, as forças estão em perpétuo devir, *há um devir de forças que duplica a história*, ou melhor, envolve-a, conforme uma concepção nietzscheana. De modo que o diagrama, enquanto expõe um conjunto de relações de forças, não é um lugar, mas um "não lugar": é lugar apenas para as mutações. De repente, as coisas não são mais percebidas, as proposições não são mais enunciadas da mesma maneira...[21] Certamente o diagrama se comunica com a formação estratificada que o estabiliza ou o fixa, mas conforme um outro eixo; ele se comunica também com o outro diagrama, os outros estados instáveis do diagrama, através dos quais as forças perseguem seu devir mutante. É por isso que o diagrama é sempre o lado de fora dos estratos. Ele não é exibição das relações de forças sem ser, igualmente, emissão de singularidades, de pontos singulares. Não que qualquer um se encadeie com qualquer um. Trata-se antes de lances sucessivos, cada um dos quais opera ao acaso, mas em condições extrínsecas, determinadas pelo lance precedente. O diagrama, um estado de diagrama, é sempre um misto de aleatório e de dependente, como numa cadeia de Markov. "A mão de ferro da necessidade que agita os dados do acaso", diz Nietzsche, invocado por Foucault. Não há pois encadeamento por continuidade nem interiorização, mas reencadeamento por sobre os cortes e as descontinuidades (mutação).

É preciso distinguir a exterioridade e o lado de fora. A exterioridade é ainda uma forma, como na *Arqueologia do Saber*, e mesmo duas formas exteriores uma à outra, pois o saber é feito desses dois meios, luz e linguagem, ver e falar. Mas o lado de fora diz respeito à força: se a força está sempre em relação com outras forças, as forças remetem necessariamente a um lado de fora irredutível, que não tem mais sequer forma, feito de distâncias indecomponíveis através das quais uma força age sobre outra ou recebe a ação de outra. É sempre de fora que uma força confere às outras, ou recebe das outras, a afetação variável que só existe a uma tal distância ou sob tal relação. Há, então, um devir das forças que não se confunde com a história das formas, já que opera em

---

[21] Sobre a relação das forças, o devir e o não lugar, cf. *NGH*, 156. Sobre a mutação, que faz com que "de repente" as coisas não sejam mais percebidas nem enunciadas da mesma forma, cf. *PC*, 229. E *VS*, 131: "As relações de poder-saber não são formas dadas de repartição, são matrizes de transformações".

outra dimensão. *Um lado de fora mais longínquo* que todo o mundo exterior e mesmo que toda forma de exterioridade, portanto infinitamente mais próximo. E como as duas formas de exterioridade seriam externas uma à outra se não houvesse esse lado de fora, mais próximo e mais longínquo? "A outra coisa", apontada pela *Arqueologia*... E se os dois elementos formais do saber, exteriores enquanto heterogêneos, encontram acordos históricos que são igualmente soluções para o "problema" da verdade, é, como vimos, porque as forças operam num espaço que não é o das formas, no espaço do Lado de Fora, precisamente onde a relação é uma "não relação", o lugar um "não lugar", a história um devir. Na obra de Foucault, o artigo sobre Nietzsche e o artigo sobre Blanchot se encadeiam, ou se reencadeiam. Se ver e falar são formas da exterioridade, pensar se dirige a um lado de fora que não tem forma.[22] Pensar é chegar ao não estratificado. Ver é pensar, falar é pensar, mas o pensar opera no interstício, na disjunção entre ver e falar. É o segundo encontro de Foucault com Blanchot: pensar cabe ao lado de fora, na medida em que este, "tempestade abstrata", mergulha no interstício entre ver e falar. O apelo ao lado de fora é um tema constante em Foucault, e significa que pensar não é o exercício inato de uma faculdade, mas deve suceder ao pensamento. Pensar não depende de uma bela interioridade a reunir o visível e o enunciável, mas se dá sob a intrusão de um lado de fora que aprofunda o intervalo, e força, desmembra o interior. "Quando o lado de fora escava e atrai a interioridade..." É que o interior supõe um começo e um fim, uma origem e um destino capazes de coincidir, de fazer "tudo". Mas, quando há apenas meios e entremeios, quando as palavras e as coisas abrem-se ao meio sem nunca coincidirem, é para liberar forças que vêm do lado de fora e que só existem em estado de agitação, de mistura e de recombinação, de mutação. Na verdade, trata-se de lances de dados, porque pensar é emitir um lance de dados.

Eis o que nos dizem as forças do lado de fora: não é nunca o composto, histórico e estratificado, arqueológico, que se transforma, mas são as forças componentes, quando entram em relação com outras forças, saídas do lado de fora (estratégias). O devir, a mudança, a mutação, concernem às forças componentes e não às formas compostas. Por

---

[22] Cf. o artigo em homenagem a Blanchot, *PLF*. Os dois pontos de encontro com Blanchot são a exterioridade (falar e ver) e o lado de fora (pensar). E, sobre o lado de fora das forças como outra dimensão que não a das formas exteriores, "outro espaço", *INP*, 41-42.

que essa ideia, tão simples na aparência, é tão difícil de compreender, a ponto da "morte do homem" haver suscitado tantos contra- sensos? Ora se objetou que não se tratava do homem existente, mas apenas de um conceito de homem. Ora se acreditou que, para Foucault, como para Nietzsche, era o homem existente que se ultrapassava – em direção a um super-homem, quero crer. Nos dois casos, é uma incompreensão a respeito de Foucault, assim como a respeito de Nietzsche (sem falar ainda na questão da má-vontade e da estupidez que às vezes inspira os comentários sobre Foucault, como também no caso de Nietzsche). Na verdade, a questão não é a do composto humano, conceptual ou existente, perceptível ou enunciável. A questão é a das forças componentes do homem: com quais outras forças se combinam e qual é o composto que delas advém? Ora, na idade clássica, todas as forças do homem são referidas a uma força de "representação" que pretende extrair o que nele há de positivo, ou de *elevável ao infinito*: de tal forma que o conjunto das forças compõem Deus, não o homem, e que o homem só pode aparecer entre ordens de infinito. Eis a razão por que Merleau-Ponty definia o pensamento clássico pela sua maneira inocente de pensar o infinito: não apenas o infinito tinha primado em relação ao finito, mas também as qualidades do homem, levadas ao infinito, serviam para compor a insondável unidade de Deus. Para que o homem apareça como composto específico, é preciso que suas forças componentes entrem em relação com novas forças que se esquivem à da representação e, inclusive, a destituam. Essas novas forças são as da vida, do trabalho e da linguagem, visto que a vida descobre uma "organização", o trabalho uma "produção", a linguagem uma "filiação" que os situa fora da representação. *Essas forças obscuras da finitude não são a princípio humanas*, mas entram em relação com as do homem para reduzi-las à sua própria finitude e comunicar-lhes uma história, que ele, posteriormente, faz sua.[23] Então, nessa nova formação histórica (do século XIX), é justamente o homem que é composto pelo conjunto das forças componentes "sorteadas". Mas, se imaginarmos uma terceira extração, ou lance, as forças do homem entrarão em relação com outras forças ainda, de maneira a compor

---

[23] É isso que é o essencial em PC: Foucault não diz que a vida, o trabalho e a linguagem são forças do homem das quais ele toma consciência tal como de sua própria finitude. Ao contrário, a vida, o trabalho, a linguagem surgem *a princípio* como forças acabadas exteriores ao homem e que lhe impõem uma história que não é sua. É num segundo momento que o homem se apropria dessa história e faz de sua própria finitude um fundamento. Cf. 380-381, onde Foucault resume os dois momentos dessa análise.

uma outra coisa ainda, que não será mais Deus, nem o homem: dir-se-ia que a morte do homem se concatena com a de Deus, para formar novos compostos. Em suma, a relação das forças componentes com o lado de fora não deixa de provocar variações na forma composta, sob outras relações, ao sabor das novas composições. O homem é uma figura de areia entre uma maré vazante e outra montante – isso deve ser entendido literalmente: ele é uma composição que só aparece entre duas outras, a de um passado clássico que a ignorava, a de um futuro que não a conhecerá mais.[24] Não cabe mais alegria, nem choro. Não se diz, correntemente, que as forças do homem já entraram em relação com outras forças, as da informação, que compõem com elas uma coisa diferente do homem, sistemas indivisíveis "homem-máquina", com as máquinas de terceira geração? Uma união com o silício, mais do que com o carbono?

É sempre do lado de fora que uma força é afetada por outras ou afeta outras. Poder de afetar ou de ser afetado, o poder é preenchido de maneira variável, conforme as forças em relação. O diagrama, enquanto determinação de um conjunto de relações de forças, jamais esgota a força, que pode entrar em outras relações e dentro de outras composições. O diagrama vem de fora, mas o lado de fora não se confunde com nenhum diagrama, não cessando de fazer novos "lances". Assim, o lado de fora é sempre a abertura de um futuro, com o qual nada acaba, pois nada nunca começou – tudo apenas se metamorfoseia. A força, nesse sentido, dispõe de um potencial em relação ao diagrama no qual está presa, ou de um terceiro poder que se apresenta como capacidade de "resistência". Com efeito, um diagrama de forças apresenta, ao lado das (ou antes "face às") singularidades de poder que correspondem às suas relações, singularidades de resistência, os "pontos, nós, focos" que se efetuam por sua vez sobre os estratos, mas de maneira a tornar possível a mudança.[25] Além disso, a última palavra do poder é que *a resistência tem o primado*, na medida em que as relações de poder se conservam por inteiro no diagrama, enquanto as resistências estão necessariamente numa relação direta com o lado de fora, de onde os diagramas vieram.[26]

---

[24] A última frase de *PC*. Nós propomos, no Anexo, uma análise mais detalhada da morte do homem.
[25] *VS*, 126-127 ("multiplicidade de pontos de resistência" que se integram ou se estratificam para tornar "possível uma revolução").
[26] *In* Dreyfus e Rabinow, 300. E, sobre as seis singularidades apresentadas pelas formas de resistência contemporâneas, 301-302 (notadamente a "transversalidade" das

De forma que um campo social mais resiste do que cria estratégias, e o pensamento do lado de fora é um pensamento da resistência.

Há três séculos, os tolos se espantavam porque Espinosa queria a liberação do homem, embora não acreditasse em sua liberdade e nem mesmo em sua existência específica. Hoje, novos tolos – ou os mesmos, reencarnados – se espantam porque Foucault participava das lutas políticas, ele que proclamara a morte do homem. Contra Foucault, eles invocam uma consciência universal e eterna dos direitos do homem que deve ser preservada contra qualquer análise. Não é a primeira vez que o recurso ao eterno serve de máscara para um pensamento débil e sumário demais, que ignora até mesmo o que deveria alimentá-lo (as transformações do direito moderno desde o século XIX). É verdade que Foucault nunca deu grande importância ao universal e ao eterno: são apenas efeitos maciços ou globais que vêm de certas repartições de singularidades, numa formação histórica tal, e sob um determinado processo de formalização. Sob o universal, há jogos de singularidades, emissões de singularidades, e a universalidade ou eternidade do homem é apenas a sombra de uma combinação singular e transitória carregada por um estrato histórico. O único caso onde o universal é dito ao mesmo tempo que aparece o enunciado é o das matemáticas, porque aqui o "limiar de formalização" coincide com o limiar de aparição. Mas, em todos os outros casos, o universal é posterior.[27] Foucault pode denunciar "o movimento de um logos que eleva as singularidades até o conceito", porque "esse *logos* na verdade é apenas um discurso já feito, pronto, que advém quando tudo foi dito, quando tudo já está morto, voltado à "interioridade silenciosa da consciência de si".[28] O sujeito de direito, enquanto se faz, é a vida, como portadora de singularidades, "plenitude do possível", e não o homem, como forma de eternidade. E, certamente, o homem apareceu no lugar da vida, no lugar do sujeito

---

lutas atuais, noção comum a Michel Foucault e a Félix Guattari). Há em Foucault um eco das teses de Mario Tronti em sua interpretação do marxismo (*Ouvriers et Capital*, Ed. Bourgois): a ideia de uma resistência "trabalhadora" que teria primado sobre a estratégia do capital.

[27] AS, 246: "a possibilidade mesmo da existência (das matemáticas) implicava que fosse dado, de imediato, aquilo que, em todos os outros casos, permanece disperso ao longo da história ... Se tomarmos o estabelecimento do discurso matemático como protótipo para o nascimento e o devir de todas as outras ciências, arriscamo-nos a homogeneizar todas as formas singulares da historicidade ...".

[28] OD, 50-51.

de direito, quando as forças vitais compuseram por um instante seu semblante, na idade política das Constituições. Mas, hoje, o direito mudou novamente de sujeito, porque, mesmo *no homem*, as forças vitais entram em outras combinações e compõem outras figuras: "O que é reivindicado e serve de objetivo, é a vida... Foi a vida, muito mais que o direito, que se tornou o objeto das lutas políticas, ainda que estas últimas se formulem através de afirmações de direito. O direito à vida, ao corpo, à saúde, à felicidade, à satisfação das necessidades ..., esse direito tão incompreensível para o sistema jurídico clássico ...".[29]

É essa mutação que se observa no estatuto do "intelectual". Ao longo de numerosas entrevistas publicadas, Foucault explica que o intelectual pôde aspirar ao universal durante um extenso período, abrangendo do século XVIII à Segunda Guerra Mundial (talvez até Sartre, passando por Zola, Rolland...). Isso na medida em que a singularidade do escritor coincidia com a posição de um "jurista-notável" capaz de resistir aos profissionais do direito e, assim, produzir um efeito de universalidade. Se o intelectual mudou de aspecto (e também a função da escritura) é porque, inclusive, sua posição mudou, e agora vai de um lugar específico a outro, de um ponto singular a outro, "físico atômico, geneticista, informático, farmacologista...", produzindo assim efeitos da transversalidade e não mais de universalidade, funcionando como permutador ou ponto de cruzamento privilegiado.[30] Nesse sentido, o intelectual e mesmo o escritor podem (é apenas uma potencialidade) participar mais das lutas, das resistências atuais, porque essas se tornaram "transversais". Então, o intelectual ou o escritor se tornam capazes de falar a língua da vida, mais que a língua do direito.

O que quer dizer Foucault nas mais belas páginas de *A Vontade de Saber*? Quando o diagrama de poder abandona o modelo de soberania para fornecer um modelo disciplinar, quando ele se torna "biopoder", "biopolítica" das populações, responsabilidade e gestão da vida, é a vida que surge como novo objeto do poder. Então, o direito renuncia cada vez mais ao que constituía o privilégio do soberano, ao direito de causar a morte (pena de morte), mas paralelamente permite mais e mais

---

[29] VS, 191 (e todo o trecho 179-191). Sobre a evolução do direito, que toma como objeto humano mais a vida (direito social) do que a pessoa (direito civil), as análises de François Ewald invocam Foucault: cf. *L'Etat Providence*, Grasset, especialmente 24-27.
[30] O intelectual "universal" e o intelectual "específico": *L'Arc*, n? 70 (entrevista com Fontana).

hecatombes e genocídios: não retomando o velho direito de matar, mas, ao contrário, em nome da raça, do espaço vital, das condições de vida e de sobrevivência de uma população que se julga melhor, e que trata seu inimigo não mais como o inimigo jurídico do antigo soberano, mas como um agente tóxico ou infeccioso, uma espécie de "perigo biológico". Assim, "é pelas mesmas razões" que a pena de morte tende a ser abolida e que os holocaustos aumentam, demonstrando ainda mais fortemente a morte do homem. Só que, quando o poder toma desta maneira a vida como objeto ou objetivo, a resistência ao poder passa a fazer-se em nome da vida, e a volta contra o poder. "A vida como objeto político foi de certa forma tomada ao pé da letra e voltada contra o sistema que planejava controlá-la." Contrariamente ao que dizia o discurso já pronto, para resistir não há nenhuma necessidade de invocar o homem. O que a resistência extrai do velho homem são as forças, como dizia Nietzsche, de uma vida mais ampla, mais ativa, mais afirmativa, mais rica em possibilidades. O super-homem nunca quis dizer outra coisa: é *dentro do próprio homem* que é preciso libertar a vida, pois o próprio homem é uma maneira de aprisioná-la. A vida se torna resistência ao poder quando o poder toma como objeto a vida. Também aqui, as duas operações pertencem ao mesmo horizonte. (Isso pode ser notado na questão do aborto, quando os poderes mais reacionários invocam um "direito à vida"...) Quando o poder se torna biopoder, a resistência se torna poder da vida, poder-vital que vai além das espécies, dos meios e dos caminhos desse ou daquele diagrama. A força vinda do lado de fora – não é uma certa ideia da Vida, um certo vitalismo, em que culmina o pensamento de Foucault? A vida não seria essa capacidade da força de resistir? Desde *O Nascimento da Clínica* Foucault admirava Bichat por ter inventado um novo vitalismo, definindo a vida pelo conjunto das funções que resistem à morte.[31] E é no próprio homem que é preciso procurar, para Foucault tanto quanto para Nietzsche, o conjunto das forças e funções que resistem... à morte do homem. Espinosa dizia:

---

[31] NC, 146: "Bichat relativizou o conceito de morte, fazendo-o cair desse absoluto em que ele aparecia como um acontecimento indivisível, decisivo e irrecuperável: ele o volatilizou e repartiu na vida, sob a forma de mortes a varejo, mortes parciais, progressivas e tão lentas que acabam depois da própria morte. Mas ele constituiu assim uma estrutura essencial da percepção e do pensamento médicos; aquilo a que a vida se opõe, se expõe; aquilo em relação ao que ela é viva oposição, portanto vida; aquilo em relação a que ela é analiticamente exposta, portanto verdadeira ... O vitalismo aparece tendo como pano de fundo esse mortalismo".

não se sabe do que um corpo humano é capaz, quando se liberta das disciplinas do homem. E Foucault: não se sabe do que o homem é capaz "enquanto ser vivo", como conjunto de "forças que resistem".[32]

---
[32] VS, 190.

As dobras ou o lado de dentro do pensamento (subjetivação)

O que aconteceu durante o silêncio bastante longo que se seguiu a *A Vontade de Saber*? Talvez Foucault tenha percebido um certo equívoco ligado a esse livro: não estava ele preso nas relações de poder? Ele faz, a si mesmo, a seguinte objeção: "Aqui estamos, como sempre *incapazes de ultrapassar a linha*, de passar para o outro lado ... Sempre a mesma escolha, do lado do poder, do que ele diz ou faz dizer ...".[1] E provavelmente ele responde a si próprio que "o ponto mais intenso das vidas, aquele no qual se concentra sua energia, é exatamente onde elas se chocam com o poder, se debatem contra ele, tentam utilizar suas forças ou escapar às suas armadilhas". Ele poderia lembrar igualmente que, segundo ele, os centros difusos de poder não existem sem pontos de resistência que têm de alguma forma, o primado, – e que o poder, ao tomar como objetivo a vida, revela, suscita uma vida que resiste ao poder – e, enfim, que a força do lado de fora não para de subverter, de derrubar os diagramas. Mas o que se passa, inversamente, se as relações transversais de resistência não param de se reestratificar, de encontrar, ou mesmo de fabricar, esses nós de poder? O fracasso final do movimento das prisões, depois de 1970, já havia entristecido Foucault; depois, outros acontecimentos, em escala mundial, vieram aumentar a tristeza. Se o poder é constitutivo de verdade, como conceber um "poder da verdade" que não seja mais verdade de poder, uma verdade decorrente das linhas transversais de resistência e não mais das linhas integrais de poder? Como "ultrapassar a linha"? E, se é preciso chegar à vida como potência do lado de fora, o que nos diz que esse "de fora" não é um vazio aterrorizante e que essa vida que parece resistir não é a mera distribuição, no vazio, de mortes "parciais, progressivas e lentas"? Não se pode mais nem dizer que a morte transforma a vida em destino, num

---

[1] *VHI*, 16.

acontecimento "indivisível e decisivo", mas, sim, que ela se multiplica e se diferencia para dar à vida as singularidades, consequentemente as verdades que essa acredita dever à sua resistência. O que resta então, senão passar por todas essas mortes que precedem o grande limite da própria morte, e que continuam ainda depois? A vida consiste apenas em tomar seu lugar, todos os seus lugares, no cortejo de um "Morre-se". Foi nesse sentido que Bichat rompeu com a concepção clássica da morte, instante decisivo ou acontecimento indivisível, e rompeu de duas maneiras, colocando ao mesmo tempo a morte como coextensiva à vida e como feita de uma multiplicidade de mortes parciais e singulares. Quando Foucault analisa as teses de Bichat, o tom mostra suficientemente que se trata de algo diferente de uma análise epistemológica.[2] Trata-se de conceber a morte, e poucos homens, como Foucault, morreram tal como a conceberam. Essa potência de vida que pertencia a Foucault, Foucault sempre a pensou e viveu também como uma morte múltipla, à maneira de Bichat. O que resta, então, salvo essas vidas anônimas que só se manifestam em choque com o poder, debatendo-se com ele, trocando com ele "palavras breves e estridentes", antes de voltar para a noite, o que Foucault chamava "a vida dos homens infames", que ele mostrava que devíamos respeitar em função de "sua infelicidade, sua raiva ou sua incerta loucura".[3] Estranhamento, inverossimilhança: é essa "infâmia" que ele próprio reivindicava: "Eu havia partido dessas espécies de partículas dotadas de uma energia que era maior na mesma proporção em que elas próprias se mostravam pequenas e difíceis de discernir". Até a proposta, dilacerante, do *Uso dos Prazeres*: "separar-se de si mesmo...".[4]

---

[2] *NC*, 142-148, 155-156.
[3] *VHI*, 16. Devemos ressaltar que Foucault se opõe a outras duas concepções de infâmia. Uma, próxima de Bataille, trata de vidas que entram para a lenda ou a história por seus próprios excessos (uma infâmia clássica muito "notória" – a de Gilles de Rais, por exemplo –, portanto, uma falsa infâmia). Segundo a outra concepção, mais próxima de Borges, uma vida se torna legendária porque a complexidade de sua trama, seus desvios e suas descontinuidades só podem alcançar inteligibilidade mediante um relato capaz de esgotar o possível, de cobrir eventualidades até mesmo contraditórias (uma infâmia "barroca", da qual um exemplo seria Stavisky). Mas Foucault concebe uma terceira infâmia; na verdade, uma infâmia de raridade ou escassez, a de homens insignificantes, obscuros e simples, que devem apenas a processos, a relatórios policiais, o fato de aparecerem por um instante à luz. É uma concepção próxima de Tchekhov.
[4] *UP*, 14.

A Vontade de Saber termina explicitamente numa dúvida. Se, no final da *Vontade de Saber*, Foucault chega a um impasse, não é devido à sua maneira de pensar o poder, é antes porque ele descobriu o impasse no qual o próprio poder nos coloca, tanto em nossa vida quanto em nosso pensamento, nós que nos chocamos contra ele nas mais ínfimas verdades. Só haveria saída se o lado de fora fosse tomado num movimento que o arrancasse ao vazio, lugar de um movimento que o desvia da morte. Seria como um novo eixo, distinto ao mesmo tempo do eixo do saber e do eixo do poder. Eixo no qual se conquista uma serenidade? Uma verdadeira afirmação de vida? Em todo caso, não é um eixo que anula os outros, mas um eixo que já atuava ao mesmo tempo que os outros e os impedia de ficarem presos num impasse. Talvez esse terceiro eixo estivesse presente desde o começo em Foucault (assim como o poder estava presente, desde o começo, no saber). Mas ele só poderia se destacar tomando distância, com o risco de alterar os dois outros eixos. Foucault sentia como era inevitável operar uma revisão geral, para desemaranhar esse caminho que mal se discernia enquanto estivesse enrolado junto com os outros: é essa visão que Foucault apresenta na introdução geral do *Uso dos Prazeres*.

Como, porém, estava a nova dimensão presente desde o começo? Até agora, já encontramos três dimensões: as relações formadas, formalizadas sobre os estratos (Saber); as relações de força ao nível do diagrama (Poder) e a relação com o lado de fora, essa relação absoluta, como diz Blanchot, que é também não relação (Pensamento). Quer dizer que não há lado de dentro? Foucault não deixa de submeter a interioridade a uma crítica radical. Mas *um lado de dentro que seria mais profundo que todo mundo interior*, assim como o lado de fora é mais longínquo que todo mundo exterior? O lado de fora não é um limite fixo, mas uma matéria móvel, animada de movimentos peristálticos, de pregas e de dobras que constituem um lado de dentro: nada além do lado de fora, mas exatamente o lado de dentro *do* lado de fora. *As Palavras e as Coisas* desenvolvia esse tema: se o pensamento vem de fora e se mantém sempre no lado de fora, por que não surgiria no lado de dentro, como o que ele não pensa e não pode pensar? Também o impensado não está no exterior, mas no centro do pensamento, como a impossibilidade de pensar que duplica ou escava o lado de fora.[5] Que exista um lado de dentro do pensamento (o impensado), é o que a era clássica já dizia ao

---

[5] *PC*, 333-339: "o cogito e o impensado". E *PLF*.

invocar o infinito, as diversas ordens do infinito. E, a partir do século XIX, passam a ser as dimensões da finitude que vão dobrar o lado de fora, constituir uma "profundeza", uma "espessura recolhida em si", um lado de dentro da vida, do trabalho e da linguagem, no qual o homem se aloja, ainda que para dormir, mas, inversamente também, que se aloja no homem em vigília "enquanto ser vivo, indivíduo no trabalho ou sujeito falante".[6] Ora é a dobra do infinito, ora a prega da finitude que dá uma curvatura ao lado de fora e constitui o lado de dentro. E *O Nascimento da Clínica* já mostrava como a clínica operava um afloramento do corpo, mas também como a anatomia patológica ia, em seguida, introduzir aí profundas dobras, que não ressuscitariam a velha interioridade e constituiriam o novo lado de dentro desse lado de fora.[7] Dentro como operação do fora: em toda a sua obra, um tema parece perseguir Foucault – o tema de um dentro que seria apenas a prega do fora, como se o navio fosse uma dobra do mar. A respeito do louco lançado em sua nau, na Renascença, Foucault dizia: "ele é colocado *no interior do exterior*, e inversamente (...), prisioneiro no meio da mais livre, da mais aberta das estradas, solidamente acorrentado à infinita encruzilhada, ele é o Passageiro por excelência, isto é, o prisioneiro da passagem".[8] O pensamento não tem outro ser além desse mesmo louco. "Encerrar o lado de fora, isto é, constituí-lo como interioridade de espera ou de exceção", diz Blanchot a respeito de Foucault.[9]

Ou melhor, a obsessão constante de Foucault é o tema do duplo. Mas o duplo nunca é uma projeção do interior, é, ao contrário, uma interiorização do lado de fora. Não é um desdobramento do Um, é uma reduplicação do Outro. Não é uma reprodução do Mesmo, é uma repetição do Diferente. Não é a emanação de um EU, é a instauração da imanência de um sempre-outro ou de um Não eu. Não é nunca o outro que é um duplo, na reduplicação, sou eu que me vejo como o duplo do outro: eu não me encontro no exterior, eu encontro o outro em mim ("trata-se de mostrar como o Outro, o Longínquo, é também o mais Próximo e o Mesmo").[10] É exatamente como a invaginação de um tecido na embriologia ou a feitura de um forro na costura: torcer,

---

[6] *PC*, 263, 324, 328, 335.
[7] *NC*, 132-133, 138, 164.
[8] *HL*, 22.
[9] Blanchot, *L'Entretien Infini*, Gallimard, 292.
[10] *PC*, 350(e sobre o homem segundo Kant, como "reduplicação empírico- transcendental", "reduplicação empírico-crítica").

As dobras ou o lado de dentro do pensamento (subjetivação)

dobrar, cerzir... *A Arqueologia do Saber* mostrava, em suas páginas mais paradoxais, como uma frase repetia outra, e, sobretudo, como um enunciado repetia, duplicava "outra coisa" que quase não se distinguia dele (a emissão de letras no teclado, AZERT). E também os livros sobre o poder mostravam como as formas estratificadas repetiam relações de força que delas mal se distinguiam, tal como a história era o forro (*doublure*) de um devir. Esse tema constante de Foucault já havia sido objeto de uma análise completa, que inspirava *Raymond Roussel*. Pois o que Raymond Roussel descobriu foi: a frase do lado de fora; a sua repetição numa segunda frase; a minúscula diferença entre as duas (o "rasgão"); a torção, o forro ou a reduplicação de uma à outra. O rasgão não é mais o acidente do tecido, mas a nova regra segundo a qual o tecido externo se torce, se invagina e se duplica. A regra "facultativa", ou a emissão ao acaso, um lance de dados. São, diz Foucault, os jogos da repetição, da diferença, e do forro que os "conecta". Não é a única vez em que Foucault faz uma apresentação literária, e através do humor, do que pode ser demonstrado pela epistemologia, pela linguística, todas disciplinas sérias. *Raymond Roussel* soldou, costurou todos os sentidos da palavra forro, para mostrar que o lado de dentro sempre foi a dobra de um lado de fora pressuposto.[11] E o último método de Roussel, a proliferação de parênteses dentro de parênteses, multiplica as dobras dentro da frase. Daí a importância desse livro de Foucault. E tudo indica que o caminho que ele traça é, já, duplo. Não que se possa derrubar o primado: o dentro será sempre o forro *do* fora. Mas, às vezes, como Roussel, imprudente, e buscando a morte, podemos querer desfazer o forro, desmanchar as dobras "com um gesto planejado", para encontrar o lado de fora e seu "vazio irrespirável". Outras vezes, mais sábios e prudentes, como Leiris, embora no auge de uma outra audácia, seguiremos as dobras, reforçaremos o forro, de rasgão em rasgão, nos cercaremos de dobras que formam uma "absoluta memória", para fazer do lado de fora um elemento vital e renascente.[12] *A História da Loucura* dizia:

---

[11] São os temas constantes de RR (especialmente no cap. II, onde todos os sentidos de forro são recapitulados, a respeito do texto de Roussel, *Chiquenaude*, "os versos do forro na peça de Forban salto vermelho", 37-38).

[12] É preciso citar o texto inteiro sobre Roussel e Leiris, porque diz algo muito importante, acreditamos, quanto à própria vida de Foucault: "De tantas coisas sem estatuto, de tantos registros civis fantásticos, (Leiris) vai lentamente recolhendo sua própria identidade, como se nas *dobras* das palavras dormisse, com quimeras nunca inteiramente mortas, a absoluta memória. Essas mesmas dobras, Roussel as descarta

ser colocado no interior do exterior, e inversamente... Talvez Foucault sempre tenha oscilado entre esses dois caminhos do duplo, que ele bem cedo distinguiu: a escolha entre a morte ou a memória. Talvez ele tenha escolhido a morte, como Roussel, mas não sem ter passado pelos desvios ou pelas dobras da memória.

Talvez fosse mesmo preciso voltar aos gregos... Assim o problema mais passional encontraria condições que poderiam torná-lo mais frio ou acalmá-lo. Se a dobra, se a reduplicação obceca toda a obra de Foucault, mas só encontra seu lugar tardiamente, é porque ele exigia uma nova dimensão, que devia se distinguir ao mesmo tempo das relações de forças ou de poder, e das formas estratificadas do saber: "a absoluta memória". A formação grega apresenta novas relações de poder, bem diferentes das velhas formações imperiais e que se atualizam à luz grega como regime de visibilidade, no *logos* grego como regime de enunciados. Pode-se então falar de um diagrama de poder que se estende através dos saberes qualificados: "garantir a direção de si mesmo, exercer a gestão da própria casa, participar do governo da cidade são três práticas de mesmo tipo", e Xenofonte "mostra bem, entre essas três artes, a continuidade, o isomorfismo, assim como a sucessão cronológica de sua instauração na existência de um indivíduo".[13] No entanto, não é ainda nisso que aparece a maior novidade dos gregos. A novidade dos gregos aparece posteriormente, aproveitando-se de um "descolamento" duplo: quando "os exercícios que permitem governar-se a si mesmo" *se descolam* ao mesmo tempo do poder como relação de forças e do saber como forma estratificada, como "código" de virtude. Por um lado, há uma "relação consigo" que começa a derivar-se da relação com os outros; por outro lado, igualmente, uma "constituição de si" começa a derivar do código moral como regra de saber.[14] Essa derivação, esse descolamento devem ser entendidos no sentido de que a *relação consigo* adquire independência. É como se as relações do lado de fora se dobrassem, se curvassem para formar um forro e deixar surgir uma relação consigo, constituir um lado de dentro que se escava e desenvolve segundo uma dimensão própria: a *enkrateia*, a relação consigo como domínio, "é um poder

---

com um gesto concentrado, para nelas encontrar um vazio irrespirável, uma rigorosa ausência de ser de que ele poderá dispor em toda soberania, para moldar figuras sem parentesco nem espécie" (28-29).
[13] *UP*, 88.
[14] *UP*, 90 (os dois aspectos do "descolamento" depois da época clássica).

As dobras ou o lado de dentro do pensamento (subjetivação)

que se exerce sobre si mesmo *dentro* do poder que se exerce sobre os outros" (quem poderia pretender governar os outros se não governa a si próprio?), a ponto da relação consigo tornar-se "princípio de regulação interna" em relação aos poderes constituintes da política, da família, da eloquência e dos jogos, da própria virtude.[15] É a versão grega do rasgão e do forro: descolamento operando uma dobra, uma reflexão. Pelo menos esta é a versão de Foucault sobre a novidade dos gregos. E esta versão nos parece ter uma grande importância, tanto em sua minúcia como em sua modéstia aparente. O que os gregos fizeram não foi revelar o Ser ou desdobrar o Aberto, numa gesta histórico-mundial. Foi muito menos, ou muito mais, diria Foucault.[16] Foi vergar o lado de fora, em exercícios práticos. Os gregos são o primeiro forro (*doublure*). O que pertence ao lado de fora é a força, porque em sua essência ela é relação com outras forças: em si mesma, ela é inseparável do poder de afetar outras forças (espontaneidade) e de ser afetada por outras (receptividade). Mas, o que decorre, então, é uma *relação da força consigo, um poder de se afetar a si mesmo, um afeto de si por si*. Conforme o diagrama grego, apenas os homens livres podem dominar os outros ("agentes livres" e "relações agonísticas", entre eles, eis os traços dia- gramáticos).[17] Mas como eles dominariam os outros, se não se dominassem a si próprios? É preciso duplicar a dominação sobre os outros mediante um domínio de si. É preciso duplicar a relação com os outros mediante uma relação consigo. É preciso duplicar as regras obrigatórias do poder mediante regras facultativas do homem livre que o exerce. É preciso que – dos códigos morais que efetuam o diagrama em tal ou qual lugar (na cidade, na família, nos tribunais, nos jogos, etc.) – se destaque um "sujeito", que se descole, que não dependa mais do código em sua parte interior. Eis o que fizeram os gregos: dobraram a força, sem que ela deixasse de ser força. Eles a relacionaram consigo

---

[15] *UP*, 93-94.
[16] Daí um certo tom de Foucault, marcando distância de Heidegger (não, os gregos não são "famosos...", cf. entrevista com Barbedette e Scala, *in Les Nouvelles*, 28.6.1984).
[17] O diagrama das forças ou das relações de poder característico dos gregos não é diretamente analisado por Foucault. É que ele considera que os historiadores contemporâneos, como Detienne, Vernant e Vidal-Naquet, já o fizeram. A originalidade deles consiste, precisamente, em terem definido o espaço físico e mental grego em função do novo tipo de relação de poder. Desse ponto de vista, é importante mostrar que a relação "agonística", à qual Foucault constantemente alude, é uma função original (que aparece especialmente no comportamento amoroso).

mesma. Longe de ignorarem a interioridade, a individualidade, a subjetividade, eles inventaram o sujeito, mas como uma derivada, como o produto de uma "subjetivação". Descobriram a "existência estética", isto é, o forro, a relação consigo, a regra facultativa do homem livre.[18] (Se não considerarmos esta derivada como nova dimensão, então diremos que não há subjetividade para gregos, sobretudo se a formos buscar do lado das regras obrigatórias...).[19]

A ideia fundamental de Foucault é a de uma dimensão da subjetividade que deriva do poder e do saber, mas que não depende deles.

De outra maneira, é o livro *O Uso dos Prazeres* que representa uma espécie de descolamento em relação aos livros anteriores, sob muitos aspectos. Por um lado, ele trata de um longo período, que começa com os gregos e continuará até nós, passando pelo cristianismo, enquanto os livros anteriores consideravam períodos curtos, entre o século XVII e o século XIX. Por outro lado, ele descobre a relação consigo, como uma nova dimensão irredutível às relações de poder e às relações de saber que constituíam o objeto dos livros precedentes: é preciso então efetuar uma reorganização do conjunto. Enfim, há ruptura com *A Vontade de Saber*, que estudava a sexualidade segundo o duplo ponto de vista do poder e do saber; agora a relação consigo foi descoberta, mas a sua ligação com a sexualidade permanece incerta.[20] De modo que o primeiro passo para uma reorganização do conjunto já está dado: como a relação consigo terá uma ligação eletiva com a sexualidade, a ponto de renovar o projeto de uma "história da sexualidade"? A resposta é muito rigorosa: tal como as relações de poder só se afirmam se efetuando, a relação consigo, que as verga, só se estabelece se efetuando. E é na sexualidade que ela se estabelece ou se efetua. Talvez não imediatamente, pois a

---

[18] Sobre a constituição de um sujeito ou a "subjetivação", como irredutível ao código, *UP*, 33-37; sobre a esfera da existência estética. 103-105. "Regras facultativas" não é uma expressão de Foucault, mas de Labov, que nos parece, entretanto, perfeitamente adequada ao estatuto do enunciado, para designar funções de variação interna e não mais constantes. Ela assume agora um sentido mais geral, para designar funções reguladoras que se distinguem dos códigos.

[19] *UP*, 73.

[20] Foucault disse que havia começado a escrever um livro sobre a sexualidade (a continuação de *A Vontade de Saber*, na mesma linha); "depois escrevi um livro sobre a noção de si e sobre as técnicas de si do qual a sexualidade havia desaparecido, e fui obrigado a reescrever, pela terceira vez, um livro no qual tentei manter equilíbrio entre um e outro". Cf. Dreyfus e Rabinow, 323.

As dobras ou o lado de dentro do pensamento (subjetivação)

constituição de um lado de dentro, de uma interioridade, é a princípio mais alimentar do que sexual.[21] Mas aí, novamente, o que é que faz com que a sexualidade se "descole" progressivamente da alimentação e se torne o local de efetuação da relação consigo? É que a sexualidade, tal como é vivida pelos gregos, encarna na fêmea o elemento receptivo da força, e no macho o elemento ativo ou espontâneo.[22] Assim, a relação do homem livre consigo, enquanto autodeterminação, vai referir-se de três modos à sexualidade: sob a forma simples de uma "Dietética" dos prazeres, governar-se a si próprio para ter condições de governar ativamente o próprio corpo; sob a forma composta de uma "Economia" da casa, governar-se a si próprio, para poder governar a esposa e para que ela própria atinja uma boa receptividade; sob a forma desdobrada de uma "Erótica" dos rapazes, governar-se a si próprio para fazer com que o rapaz também aprenda a se governar, a ser ativo e a resistir ao poder dos outros.[23] Os gregos não apenas inventaram a relação-consigo, eles a ligaram, compuseram e desdobraram na sexualidade. Em suma, um encontro, bem fundamentado entre os gregos, entre a relação consigo e a sexualidade.

A redistribuição, a reorganização se faz por si só, pelo menos se considerada num período longo. Pois a relação consigo não permanecerá como zona reservada e guardada do homem livre, independente de todo "sistema institucional e social". A relação consigo entrará nas relações de poder, nas relações de saber. Ela se reintegrará nesses sistemas dos quais começara por derivar. O indivíduo interior acha-se codificado, recodificado num saber "moral" e, acima de tudo, torna-se o que está em jogo no poder – é diagramatizado. A dobra parece então ser desdobrada, a subjetivação do homem livre se transforma em sujeição: por um lado é "a submissão ao outro pelo controle e pela dependência", com todos os procedimentos de individualização e de modulação que o poder instaura, atingindo a vida quotidiana e a interioridade daqueles que ele chamara seus sujeitos; por outro lado, é "o apego (de cada um) à sua própria identidade mediante consciência e o conhecimento de si", com todas as técnicas das ciências morais e das ciências do homem que

---

[21] *UP*, 61-62.
[22] *UP*, 55-57.
[23] *UP*, II, III e IV (sobre "a antinomia do rapaz", 243).

vão formar um saber do sujeito.²⁴ Simultaneamente, a sexualidade se organiza em torno de focos de poder, dá lugar a uma *scientia sexualis* e se integra numa instância de "poder-saber", o Sexo (Foucault volta aqui às análises da *Vontade de Saber*).

Devemos concluir que a nova dimensão escavada pelos gregos desaparece, e se rebate nos dois eixos do saber e do poder? Nesse sentido, seria preciso retornar aos gregos, para reencontrar a relação consigo como livre individualidade. Evidentemente, não é nada disso.

Haverá sempre uma relação consigo que resiste aos códigos e aos poderes; a relação consigo é, inclusive, uma das origens desses pontos de resistência de que falamos anteriormente. Por exemplo, erraríamos se reduzíssemos as morais cristãs à tentativa de codificação que operaram e ao poder pastoral que invocam, sem levarmos em conta os inúmeros "movimentos espirituais e ascéticos" de subjetivação que se desenvolvem antes da Reforma (há subjetivações coletivas).²⁵ Também não é suficiente dizer que estas resistem àquelas; há perpétua comunicação entre elas, quer para lutar, quer para compor. O que é preciso colocar, então, é que a subjetivação, a relação consigo, não deixa de se fazer, mas se metamorfoseando, mudando de modo, a ponto do modo grego tornar-se uma lembrança bem longínqua. Recuperada pelas relações de poder, pelas relações de saber, a relação consigo não para de renascer, em outros lugares e em outras formas.

A fórmula mais geral da relação consigo é: o afeto de si para consigo, ou a força dobrada, vergada. A subjetivação se faz por dobra. Mas há *quatro dobras*, quatro pregas de subjetivação – tal como os quatro rios do inferno. A primeira concerne à parte material de nós mesmos que vai ser cercada, presa na dobra: para os gregos, era o corpo e seus prazeres, os *aphrodisia*; mas, para os cristãos, será a carne e seus desejos, o desejo, uma modalidade substancial completamente diferente. A segunda dobra é a da relação de forças, no seu sentido mais exato; pois

---

[24] Dreyfus e Rabinow, 302-304. Nós resumimos aqui diversas indicações de Foucault: 1) a moral tem dois polos, o código e o modo de subjetivação, mas eles estão em razão inversa e um não se intensifica sem que o outro diminua (*UP*, 35, 37): 2) a subjetivação tende a passar para um código e se esvazia ou se enrijece em proveito do código (é um tema geral de CS); 3) um novo tipo de poder aparece, encarregando-se de individualizar e de penetrar o interior: é, primeiro, o poder pastoral da Igreja, depois, a sua retomada no poder de Estado (Dreyfus e Rabinow, 305-306: esse texto de Foucault soma-se às análises de *VP* sobre "o poder individualizante e modulador").
[25] *UP*, 37.

é sempre segundo uma regra singular que a relação de forças é vergada para tornar-se relação consigo; certamente não é a mesma coisa quando a regra eficiente é natural, ou divina, ou racional, ou estética... A terceira dobra é a do saber, ou a dobra da verdade, por constituir uma ligação do que é verdadeiro com o nosso ser, e de nosso ser com a verdade, que servirá de condição formal para todo saber, para todo conhecimento: subjetivação do saber que não se faz da mesma maneira entre os gregos e entre os cristãos, em Platão, Descartes ou Kant. A quarta dobra é a do próprio lado de fora, a última: é ela que constitui o que Blanchot chamava uma "interioridade de espera", é dela que o sujeito espera, de diversos modos, a imortalidade, ou a eternidade, a salvação, a liberdade, a morte, o desprendimento... As quatro dobras são como a causa final, a causa formal, a causa eficiente, a causa material da subjetividade ou da interioridade como relação consigo.[26] Essas dobras são eminentemente variáveis, aliás em ritmos diferentes, e suas variações constituem modos irredutíveis de subjetivação. Elas operam "por sob os códigos e regras" do saber e do poder, arriscando-se a juntar- se a eles se desdobrando, mas não sem que outras dobraduras se façam.

E, a cada vez, a relação consigo está determinada a reencontrar a sexualidade, de acordo com uma modalidade que corresponde ao modo de subjetivação: é que a espontaneidade e a receptividade da força não se distribuirão mais segundo um papel ativo e um papel passivo, como para os gregos, mas, o que é bem diferente entre os cristãos, segundo uma estrutura bissexual. Do ponto de vista de uma confrontação geral, que variações existem entre o corpo e os prazeres dos gregos e a carne e o desejo dos cristãos? É possível que Platão se atenha ao corpo e aos prazeres conforme a primeira dobra, mas já se eleve ao Desejo conforme a terceira, vergando a verdade no amante, destacando um novo processo de subjetivação que leva a um "sujeito desejante" (e não mais a um sujeito de prazeres)?[27] E o que dizer, enfim,

---

[26] Sistematizamos os quatro aspectos distinguidos por Foucault em *UP*, 32-39 (e em Dreyfus e Rabinow, 333-334). Foucault emprega a palavra "sujeição" para designar o segundo aspecto da constituição do sujeito; mas essa palavra assume, então, um sentido diferente do que possui quando o sujeito constituído está submetido a relações de poder. O terceiro aspecto tem importância particular e permite uma ligação com *As Palavras e as Coisas*: com efeito, *PC* mostrava como a vida, o trabalho e a linguagem eram, primeiro, objeto de saber, antes de se dobrarem para constituir uma subjetividade mais profunda.

[27] *UP*, capítulo sobre Platão. V.

de nossos próprios modos atuais, da moderna relação consigo? *Quais são as nossas quatro dobras?* Se é verdade que o poder investe cada vez mais nossa vida cotidiana, nossa interioridade e individualidade, se ele se faz individualizante, se é verdade que o próprio saber é cada vez mais individualizado, formando hermenêuticas e codificações do sujeito desejante, o que é que sobra para a nossa subjetividade? Nunca "sobra" nada para o sujeito, pois, a cada vez, ele está por se fazer, como um foco de resistência, segundo a orientação das dobras que subjetivam o saber e recurvam o poder. A subjetividade moderna reencontraria o corpo e seus prazeres, contra um desejo tão submetido à Lei? E, no entanto, isso não é um retorno aos gregos, pois nunca há retorno.[28] A luta por uma subjetividade moderna passa por uma resistência às duas formas atuais de sujeição, uma que consiste em nos individualizar de acordo com as exigências do poder, outra que consiste em ligar cada indivíduo a uma identidade sabida e conhecida, bem determinada de uma vez por todas. A luta pela subjetividade se apresenta então como direito à diferença e direito à variação, à metamorfose.[29] (Nós multiplicamos aqui as questões, pois chegamos ao manuscrito inédito *Les Aveux de la Chair* (*As Confissões da Carne*) e, inclusive, além: às últimas tendências das pesquisas de Foucault).

No *Uso dos Prazeres*, Foucault não descobre o sujeito. Com efeito, ele já o havia definido como uma derivada, uma função derivada do enunciado. Mas, definindo-o agora como uma derivada de fora, sob a condição da dobra, ele lhe dá uma extensão completa e, ao mesmo tempo, uma dimensão irredutível. Nós temos então elementos para responder à questão mais geral: como nomear esta nova dimensão, essa relação consigo que não é mais saber nem poder? O afeto de si para consigo é o prazer, ou melhor, o desejo? Só encontraremos o termo exato se percebermos a que ponto essa terceira dimensão se estende por longos períodos. A aparição de uma dobra do lado de fora pode parecer distintiva das formações ocidentais. Pode ser que o Oriente

---

[28] *VS* já mostrava que o corpo e seus prazeres, isto é, uma "sexualidade sem sexo", era a maneira moderna de "resistir" à instância do "Sexo", que solda o desejo à lei (208). É um retorno aos gregos, mas muito parcial e ambíguo, pois o corpo e seus prazeres remetiam, entre os gregos, a relações agonísticas entre homens livres, portanto, a uma "sociedade viril", unissexuada, excluindo as mulheres – enquanto nós, evidentemente, procuramos outro tipo de relação, adequada ao nosso campo social. Cf. o texto de Foucault, in Dreyfus e Rabinow, 322-331, sobre a pseudo-noção de retorno.
[29] Dreyfus e Rabinow, 302-303.

não apresente semelhante fenômeno e que, nele, a linha do lado de fora permaneça flutuante, em meio a um vazio irrespirável: a ascese seria então uma cultura de aniquilamento ou uma tentativa de respirar no vazio, sem produção específica de subjetividade.[30] A condição de um vergar das forças parece surgir com a relação agonística entre homens livres, isto é, com os gregos. É então que a força se verga sobre si em sua relação com outra força. Mas, se traçamos a partir dos gregos o processo de subjetivação, é ainda um longo período que ele ocupa até nós. Essa cronologia é ainda mais notável porque Foucault considerava os diagramas de poder como lugares de mutação, e os arquivos de saber em períodos curtos.[31] Se perguntamos o porquê dessa súbita introdução de um período longo no *Uso dos Prazeres*, talvez a razão mais simples seja a seguinte: nós esquecemos rapidamente os velhos poderes que não se exercem mais, os velhos saberes que não são mais úteis, mas, em matéria moral, não deixamos de depender de velhas crenças, nas quais nem mesmo cremos mais, e de nos produzirmos como sujeitos em velhos modos que não correspondem aos nossos problemas. Isso fez dizer o cineasta Antonioni: nós estamos doentes de Eros... Tudo se passa como se os modos de subjetivação tivessem vida longa, e continuamos a brincar de gregos, de cristãos – daí o nosso gosto pelas voltas a...

Mas há uma razão positiva mais profunda. É que a própria dobra, a reduplicação, é uma Memória: "absoluta memória" ou memória do lado de fora, para além da memória curta que se inscreve nos estratos e nos arquivos, para além das sobrevivências ainda presas aos diagramas. Já a existência estética dos gregos solicita essencialmente a memória do futuro e, rapidamente, os processos de subjetivação são acompanhados de escrituras que constituíam verdadeiras memórias, *hypomnemata*.[32] Memória é o verdadeiro nome da relação consigo, ou do afeto de si por si. Segundo Kant, o tempo era a forma pela qual o espírito se afetava

---

[30] Foucault nunca se achou suficientemente competente para tratar das formações orientais. Ele faz rápidas alusões à *ars erótica* dos chineses, ora conto distinta de nossa *scientia sexualis* (*VS*), ora conto distinta da existência estética dos gregos (*UP*). A questão seria: há um Si ou um processo de subjetivação nas técnicas orientais?
[31] Sobre o problema dos longos e curtos períodos na história; em relação com as séries, cf. Braudel, *Écrits sur l'Histoire*, Flammarion. Em *AS*, 15-16, Foucault mostrou que os períodos epistemológicos eram necessariamente curtos.
[32] *CS*, 75-84 e Drevfus e Rabinow, 339-344 (sobre a função bastante variável dessa literatura de si ou dessas memórias, conforme a natureza do processo de subjetivação considerado).

a si mesmo, assim como o espaço era a forma pela qual o espírito era afetado por outra coisa: o tempo era então "auto-afecção", constituindo a estrutura essencial da subjetividade.[33] Mas o tempo como sujeito, ou melhor, subjetivação, chama-se memória. Não esta curta memória que vem depois, e se opõe ao esquecimento, mas a "absoluta memória" que duplica o presente, que reduplica o lado de fora e que não se distingue do esquecimento, pois ela é ela própria e é sempre esquecida para se refazer: sua dobra (*pli*), com efeito, confunde-se com o desdobramento (*repli*), porque este permanece presente naquela como aquilo que é dobrado. Só o esquecimento (o desdobramento, *dépli*) encontra aquilo que está dobrado na memória (na própria dobra). Há uma redescoberta final de Heidegger por Foucault. O que se opõe à memória não é o esquecimento, mas o esquecimento do esquecimento, que nos dissolve no lado de fora e que constitui a morte. Ao contrário, enquanto o lado de fora está dobrado, um lado de dentro lhe é coextensivo, assim como a memória é coextensiva ao esquecimento. É esta coextensividade que é a vida, longo período. O tempo se torna sujeito, por ser a dobra do lado de fora e, nessa condição, faz com que todo o presente passe ao esquecimento, mas conserva todo o passado na memória, o esquecimento como impossibilidade de retorno e a memória como necessidade de recomeçar. Durante muito tempo, Foucault pensou o lado de fora como uma última espacialidade, mais profunda que o tempo: foram suas últimas obras que lhe permitiram colocar o tempo no lado de fora e pensar o lado de fora como tempo, sob a condição da dobra.[34]

É nesse ponto que se baseia a confrontação necessária entre Foucault e Heidegger: a "dobra" sempre obcecou a obra de Foucault, mas encontra nas últimas pesquisas sua justa dimensão. Que semelhanças e que diferenças em relação a Heidegger? Isto só pode ser avaliado se tomarmos como ponto de partida a ruptura de Foucault com a fenomenologia no sentido "vulgar", isto é, com a intencionalidade. Que a consciência vise à coisa e "se signifique" no mundo – eis o que Foucault rejeita. Com efeito, a intencionalidade é concebida para superar todo psicologismo e todo naturalismo, mas ela inventa um novo psicologismo e um novo naturalismo, a ponto, como dizia o próprio

---

[33] É um dos principais temas de Heidegger em sua interpretação de Kant. Sobre as últimas declarações de Foucault invocando Heidegger. cf. *Les Nouvelles*. 28.6.1984.
[34] Foram os temas do lado de Fora e da exterioridade que pareceram primeiro impor um primado do espaço sobre o tempo, como se vê ainda em *PC*. 351.

Merleau-Ponty, de quase não se distinguir de um *learning*. Ela restaura um psicologismo das sínteses da consciência e das significações, um naturalismo da "experiência selvagem" e da coisa, do deixar-ser da coisa no mundo. Daí a dupla recusa de Foucault. Certamente, enquanto ficarmos nas palavras e nas frases, podemos crer numa intencionalidade através da qual a consciência visa a alguma coisa e se significa (como significante); enquanto ficarmos nas coisas e nos estados de coisas, podemos crer numa experiência selvagem que deixa-ser a coisa através da consciência. Mas a "colocação entre parênteses" que a fenomenologia invoca deveria levá-la a superar as palavras e as frases em direção aos *enunciados*, as coisas e os estados de coisas em direção às *visibilidades*. Ora, os enunciados não visam a nada, porque não se relacionam com nada, tal como não exprimem um sujeito, mas apenas remetem à uma linguagem, a um ser-linguagem, que lhes dá objetos e sujeitos próprios e suficientes como variáveis imanentes. E as visibilidades não se desdobram num mundo selvagem que se abriria a uma consciência primitiva (antepredicativa), mas apenas remetem a uma luz, a um ser- luz, que lhes dá formas, proporções, perspectivas propriamente imanentes, livres de todo olhar intencional.[35] Nem a linguagem nem a luz serão consideradas nas direções que as relacionam uma com a outra (designação, significação, "significância" da linguagem; meio físico, mundo sensível ou inteligível), mas na irredutível dimensão que cada uma lhes dá, cada uma suficiente e separada da outra, o "há" da luz e o "há" da linguagem. Toda a intencionalidade desaba na abertura entre as duas mônadas, ou na "não relação" entre ver e falar. É a conversão maior de Foucault: converter a fenomenologia em epistemologia. Pois ver e falar é saber, mas nós não vemos aquilo de que falamos, e não falamos daquilo que vemos; e, quando vemos um cachimbo, não deixamos de dizer (de várias maneiras) "isso não é um cachimbo...", como se a intencionalidade se negasse a si própria, desabasse sozinha. Tudo é saber, e esta é a primeira razão pela qual não há experiência selvagem: não há nada antes do saber, nem embaixo dele. Mas o saber é irredutivelmente duplo, falar e ver, linguagem e luz, e esta é a razão pela qual não há intencionalidade.

    Mas é aí que tudo começa, porque a fenomenologia, por sua vez, para exorcizar o psicologismo e o naturalismo que continuaram a marcá-la, superou por si própria a intencionalidade como relação

---

[35] RR, 136-140.

da consciência com seu objeto (o ente). E em Heidegger, depois em Merleau-Ponty, o ultrapassar da intencionalidade se fazia em direção ao Ser, à dobra do Ser. Da intencionalidade à dobra, do ente ao ser, da fenomenologia à ontologia. Os discípulos de Heidegger nos ensinaram a que ponto a ontologia era inseparável da dobra, visto que o Ser era precisamente a prega que ele fazia com o ente, e que o desdobramento do ser, como gesto inaugural dos gregos, não era o contrário da dobra, mas a própria dobra, a dobradiça do Aberto, a unicidade do desvelar--velar. Era menos evidente em que essa dobradura do ser, a prega do ser e do ente, substituía a intencionalidade – ainda que fosse para fundá-la. Coube a Merleau-Ponty mostrar como uma visibilidade radical, "vertical", se dobrava em um Se-vidente e tornava possível, consequentemente, a relação horizontal de um vidente e de um visto. Um Lado de Fora mais longínquo que todo o exterior, "se torce", "se dobra", "se duplica" com um Lado de Dentro, mais profundo que todo interior, e só ele torna possível a relação derivada do interior para o exterior. É, inclusive, essa torção que define a "Carne", além do próprio corpo e de seus objetos. Em suma, à intencionalidade do ente se supera em direção à dobra do ser, em direção ao Ser como dobra (Sartre, ao contrário, ateve-se à intencionalidade, porque se contentava em fazer "furos" no ente, sem atingir a dobra do ser). A intencionalidade se faz ainda num espaço euclidiano que a impede de se compreender a si mesma e deve ser ultrapassada em direção a um outro espaço, "topológico", que põe em contato o Lado de Fora e o Lado de Dentro, o mais longínquo e o mais profundo.[36]

Não há dúvida que Foucault encontrou uma forte inspiração teórica em Heidegger, e em Merleau-Ponty, para o tema que o perturbava: a dobra, o forro. Mas também encontrou a sua aplicação prática em Raymond Roussel: este armou uma Visibilidade ontológica, sempre se

---

[36] Sobre a dobra, o entrelaçamento ou o quiasma, "retorno sobre si do visível", cf. Merleau-Ponty, *Le Visible et l'Invisible*, Gallimard. E as "notas de trabalho" insistem na necessidade de ultrapassar a intencionalidade rumo a uma dimensão vertical que constitua uma topologia (263-264). Essa topologia implica, em Merleau-Ponty, a descoberta da "carne" como um ponto de virada (como já ocorria em Heidegger, segundo Didier Franck, *Heidegger et le Problème de l'Espace*, Ed. de Minuit). Esta é a razão por que podemos pensar que a análise das *Aveux de la Chair* (*As Confissões da Carne*), tal como Foucault a processa no manuscrito inédito, trata, por sua vez, o conjunto do problema da "dobra" (encarnação), sublinhando a origem cristã da carne, do ponto de vista da história da sexualidade.

torcendo em um "se-vidente", numa outra dimensão que não a do olhar e de seus objetos.[37] Poder-se-ia igualmente aproximar Heidegger e Jarry, na medida em que a *patafísica* se apresenta efetivamente como uma superação da metafísica, explicitamente fundada no ser do fenômeno. Mas considerar assim, em Jarry ou Roussel, a realização da filosofia de Heidegger, não seria dizer que a dobra foi deslocada e se instala numa paisagem bem diferente, assumindo outro sentido? Trata-se, não de tirar a seriedade de Heidegger, mas de encontrar a imperturbável seriedade de Roussel (ou de Jarry). A seriedade ontológica precisa de um humor diabólico ou fenomenológico. Com efeito, acreditamos que a dobra como forro em Foucault vai assumir feição inteiramente nova, embora conservando o seu alcance ontológico. Em primeiro lugar, a dobra do ser, segundo Heidegger e Merleau-Ponty, só supera a intencionalidade para fundá-la na outra dimensão: eis por que o Visível ou o Aberto não fazem ver sem também fazerem falar, pois a dobra não constituirá o se-vidente da visão sem constituir também o se- falante da linguagem, a ponto de ser o mesmo mundo que é falado na linguagem e que é visto através da visão. Em Heidegger e em Merleau-Ponty, a Luz abre um falar tanto quanto um ver, como se as significações obcecassem o visível e o visível murmurasse o sentido.[38] Não pode ser assim em Foucault, para quem o Ser-luz remete apenas às visibilidades e o Ser- linguagem aos enunciados: a dobra não poderá fundar uma nova intencionalidade, pois esta desaparece na disjunção, entre as duas partes, de um saber que jamais é intencional.

Sendo o saber constituído por duas formas, como haveria intencionalidade de um sujeito em direção a um objeto, se cada uma das formas tem seus objetos e seus sujeitos?[39] E, entretanto, é necessário uma relação entre as duas formas que seja determinável e que saia de

---

[37] O texto de *RR*, 136, insiste nesse aspecto, quando o olhar passa pela lente engastada na caneta: "Festa interior ao ser ... visibilidade fora do olhar, e se chegamos a ela através de uma lente ou de uma vinheta, é ... para colocar o olhar entre parênteses ... o ser se impõe numa serenidade pletórica ...".
[38] Segundo Heidegger, a *Lichtung* é o Aberto não apenas para a luz e o visível, mas para a voz e o som. Assim também para Merleau-Ponty, 201-202. Foucault rejeita o conjunto desses encadeamentos.
[39] Por exemplo, não há um "objeto" que seria a loucura, e que uma "consciência" visaria. Mas a loucura é vista de diversas maneiras e enunciada de outras maneiras ainda, conforme as épocas e até conforme os limiares de uma época. Não se veem os mesmos loucos e não se enunciam as mesmas doenças. Cf. *AS*, 45-46.

sua "não relação". O saber é ser, é a primeira figura do ser, mas o ser está entre duas formas. Não é justamente o que dizia Heidegger, com o "entremeio", e Merleau-Ponty, com o "entrelaçamento ou o quiasma"? Na verdade, não é de forma alguma a mesma coisa. Pois, para Merleau-Ponty, o entrelaçamento, o entremeio se confundem com a dobra. Mas não para Foucault. Há um entrelaçamento, um entrecruzamento do visível e do enunciável: é o modelo platônico da tecelagem que substitui a intencionalidade. Mas esse entrelaçamento é um embate, uma batalha entre dois adversários irredutíveis, as duas formas do Ser-saber: se preferirmos, é uma intencionalidade, mas reversível, e multiplicada nos dois sentidos, tornada infinitesimal ou microscópica. Não é ainda a dobra do ser, é o entrelaçamento de suas duas formas. Não é ainda uma topologia da dobra, é uma estratégia do entrelaçamento. Tudo se passa como se Foucault reprovasse a Heidegger e a Merleau-Ponty o fato de irem muito rápido. E, o que ele encontra em Roussel, e de outra maneira em Brisset, e de outra maneira em Magritte, e que poderia ter encontrado em Jarry, é a batalha audiovisual, a dupla captura, o ruído das palavras que conquistaram o visível, o furor das coisas que conquistaram o enunciável.[40] Em Foucault, sempre houve um tema alucinatório dos Duplos, e do forro, que transforma toda a ontologia.

Mas essa dupla captura, constitutiva do Ser-saber, não poderia se fazer entre duas formas irredutíveis se o entrelaçamento dos lutadores não resultasse de um elemento ele próprio informe, de uma pura relação de forças que surge na irredutível separação das formas. Esta é a fonte da batalha ou a condição de sua possibilidade. Este é o domínio estratégico do poder, por oposição ao domínio estrático do saber. Da epistemologia à estratégia. Mais uma razão pela qual não há experiência "selvagem", pois batalhas implicam uma estratégia e toda experiência está presa em relações de poder. É o segundo aspecto do ser, o "Possest", o Ser-poder, por oposição ao Ser-saber. São as relações de forças ou de poder informes que instauram as relações "entre" as duas formas de saber formado. As duas formas do Ser-saber são formas de exterioridade, já que os enunciados se dispersam numa, e as visibilidades em outra; mas o Ser-poder nos introduz num elemento

---

[40] É em Brisset que Foucault encontra o maior desenvolvimento da batalha: "Ele pretende restituir as palavras aos ruídos que as fizeram nascer, e colocar novamente em cena os gestos, os assaltos, as violências, dos quais elas formam uma espécie de brasão, agora silencioso" (*GL*, XV).

diferente, num lado de Fora não formável e não formado, de que vêm as forças e suas combinações mutáveis. E eis que essa segunda figura do ser ainda não é a dobra. É antes uma linha flutuante, e que não faz contorno, a única capaz de fazer as duas formas em combate se comunicarem. Sempre houve em Foucault um heraclitismo mais profundo do que em Heidegger, pois, afinal, a fenomenologia é pacificadora demais, ela abençoou coisas demais. Foucault descobre então o elemento que vem de fora, a força. Foucault, como Blanchot, falará menos do Aberto que do lado de Fora. É que a força se relaciona com a força, mas de fora, de tal forma que é o lado de fora que "explica" a exterioridade das formas, tanto para cada uma quanto para sua relação mútua. Daí a importância de Foucault afirmar que Heidegger sempre o fascinou, mas que ele só o podia compreender através de Nietzsche, com Nietzsche (e não o inverso).[41] Heidegger é a possibilidade de Nietzsche, mas não o inverso, e Nietzsche não esperou a sua própria possibilidade. Seria preciso reencontrar a força, no sentido nietzscheano, o poder, no sentido específico de "vontade de potência", para descobrir esse lado de fora como limite, horizonte último a partir do qual o ser se dobra. Heidegger se precipitou, dobrou rápido demais, e isso não era desejável: daí o equívoco profundo de sua ontologia técnica e política, técnica do saber e política do poder. A dobra do ser só se podia fazer a nível da terceira figura: será que a *força* pode se dobrar, de modo a ser afecção de si sobre si, afeto de si por si, de tal forma que o fora constitua por si mesmo um dentro coextensivo? O que os gregos fizeram não foi um milagre. Há em Heidegger um legado de Renan, a ideia da luz grega, do milagre grego.[42] Foucault diz: os gregos fizeram muito menos ou muito mais, como quiserem. Eles dobraram a força, descobriram a força como alguma coisa que podia ser dobrada, e isso unicamente por estratégia, porque eles inventaram uma relação de forças que passava por uma rivalidade dos homens livres (governar os outros com a condição de governar a si próprio...). Mas, força entre as forças, o homem não dobra as forças que o compõem sem que o próprio lado

---

[41] "Todo o meu devir filosófico foi determinado pela minha leitura de Heidegger. Mas reconheço que foi Nietzsche quem venceu ..." (*Les Nouvelles*, 40).
[42] O que há de interessante em Kenan é a maneira pela qual a *Prière sur l'Acropole* apresenta o "milagre grego" em relação essencial com uma lembrança e a lembrança em relação com um esquecimento não menos fundamental numa estrutura temporal de tédio (se afastar). O próprio Zeus se define pela dobra, parindo a Sabedoria "depois de se redobrar sobre si mesmo, depois de respirar profundamente".

de fora se dobre e escave um Si no homem. É isso, a dobra do ser, que vem na terceira figura, quando as formas já estão entrelaçadas, quando as batalhas já começaram: então o ser não forma mais um "Sciest" nem um "Possest", mas um "Se-est", na medida em que a dobra do lado de fora constitui um Si e o próprio fora constitui um lado de dentro coextensivo. Era preciso passar pelo entrelaçamento estrático-estratégico para atingir a dobra ontológica. São três dimensões irredutíveis, mas em implicação constante, saber, poder e si. São três "ontologias". Por que Foucault acrescenta que elas são históricas?[43] Porque elas não designam condições universais. O Ser-saber é determinado pelas duas formas que assumem o visível e o enunciável em determinado momento, e a luz e a linguagem não são separáveis da "existência singular e limitada" que têm sobre determinado estrato. O Ser-poder é determinado nas relações de forças, as quais passam, elas próprias, por singularidades variáveis conforme a época. E o si, o ser-si, é determinado pelo processo de subjetivação, isto é, pelos locais por onde passa a dobra (os gregos não têm nada de universal). Em suma, as condições nunca são mais gerais que o condicionado, e valem por sua própria singularidade histórica. Por isso as condições não são "apodíticas", mas problemáticas. Sendo condições, elas não variam historicamente, mas variam *com* a história. O que elas apresentam, com efeito, é a maneira através da qual o problema se coloca em tal formação histórica: que posso eu saber, ou que posso ver e enunciar em tais condições de luz e de linguagem? Que posso fazer, a que poder visar e que resistências opor? Que posso ser, de que dobras me cercar ou como me produzir como sujeito? Sob essas três questões, o "eu" não designa um universal, mas um conjunto de posições singulares ocupadas num Fala-Se/Vê-Se, Combate-Se, Vive-Se.[44] Nenhuma solução pode ser transposta de uma época a outra, mas pode haver usurpações ou invasões de campos problemáticos, fazendo os "dados" de um velho problema serem reativados em outros. (Talvez haja ainda um grego dentro de Foucault, uma certa confiança numa "problematização" dos prazeres...)

---

[43] Cf. Dreyfus e Rabinow, 332.
[44] Sobre os três "problemas" de Foucault, evidentemente comparáveis ás três questões kantianas, cl. *UP*, 12-19 (e Dreyfus e Rabinow, 307, onde Foucault admira Kant por ler colocado a questão, não apenas de um sujeito universal, mas de "quem somos nós nesse momento preciso da história?").

Finalmente, é a prática que constitui a única continuidade do passado ao presente, ou, inversamente, a maneira como o presente explica o passado. *Se as entrevistas de Foucault fazem parte, plenamente, de sua obra*, é porque prolongam a problematização histórica de cada um de seus livros rumo à construção do problema atual, seja este a loucura, o castigo ou a sexualidade. Quais são os novos tipos de luta, transversais e imediatos, mais que centralizados e mediatizados? Quais são as novas funções do "intelectual", específico ou "singular" mais que universal? Quais são os novos modos de subjetivação, sem identidade, mais do que identitários? É a tripla raiz atual das questões *Que posso eu, Que sei eu? Quem sou eu?* Os acontecimentos que levaram a 1968 foram como o "ensaio" das três questões:[45] Qual é a nossa luz e qual é a nossa "verdade" hoje? Que poderes é preciso enfrentar e quais são as nossas possibilidades de resistência hoje, quando não podemos nos contentar em dizer que as velhas lutas não valem mais? E será, acima de tudo, que não estamos assistindo, participando da "produção de

---

[45] Lendo certas análises, acreditar-se-ia que 1968 foi produto da cabeça de intelectuais parisienses. É preciso então lembrar que 1968 foi o fruto de uma longa série de acontecimentos mundiais e de uma série de correntes de pensamento internacionais, que já ligavam a *emergência de novas formas de lutas à produção de uma nova subjetividade* – quando mais não fosse, na crítica ao centralismo e nas reivindicações qualitativas, relativas à "qualidade de vida". Quanto aos acontecimentos mundiais, citaremos brevemente a experiência iugoslava da autogestão, a primavera tchecoslovaca e sua repressão, a guerra do Vietnã, a guerra da Argélia e a questão das redes (Redes de apoio, na França, à luta argelina pela independência. (N. R.)), mas também os sinais da "nova classe" (a nova classe trabalhadora), o novo sindicalismo agrícola ou estudantil, as casas de psiquiatria e de pedagogia ditas institucionais... Quanto às correntes de pensamento, talvez fosse preciso remontar a Lukács, cuja *História e Consciência de Classe* já colocava a questão de uma nova subjetividade; a seguir, a Escola de Frankfurt, o marxismo italiano e os primeiros germes da "autonomia" (Tronti), em torno de Sartre a reflexão sobre a nova classe trabalhadora (Gorz), e grupos como "Socialismo ou Barbárie", "Situacionismo" e "Via Comunista" (especialmente Félix Guattari e a "micropolítica do desejo"). Correntes e acontecimentos não deixaram de interferir. Depois de 68, Foucault reencontra pessoalmente a questão das novas formas de luta com o GIP e a luta das prisões, e elabora a "microfísica do poder", na mesma época que *VP*. Ele é, então, levado a pensar e a viver de uma maneira bastante nova o papel do intelectual. Assim, ele chegará por sua via à questão de uma nova subjetividade, cujos dados ele transforma depois, de *VS* até *UP*, dessa vez provavelmente em contato com os movimentos americanos. Sobre a ligação entre as lutas, o intelectual e a subjetividade, cf. a análise de Foucault *in* Dreyfus e Rabinow, 301-303. E o interesse de Foucault por novas formas de comunidade foi, certamente, essencial em sua obra.

uma nova subjetividade"? As mutações do capitalismo não encontram um "adversário" inesperado na lenta emergência de um novo Si como foco de resistência? Cada vez que há uma mutação social, não há um movimento de reconversão subjetiva, com suas ambiguidades, mas também seus potenciais? Essas questões podem ser consideradas como mais importantes, inclusive para o direito puro, do que a referência a direitos humanos universais. Em Foucault, tudo é colocado em variáveis e variação: as variáveis do saber (por exemplo, os objetos e sujeitos como variáveis imanentes do enunciado) e a variação das relações de formas; as singularidades variáveis do poder e as variações das relações de forças; as subjetividades variáveis, e a variação da dobra ou da subjetivação.

Mas, embora seja verdade que as condições não são mais gerais ou constantes que o condicionado, é pelas condições que Foucault se interessa. Por isso ele diz: pesquisa histórica e não trabalho de historiador. Ele não faz uma história das mentalidades, mas das condições nas quais se manifesta tudo o que tem uma existência mental, os enunciados e o regime de linguagem. Ele não faz uma história dos comportamentos, mas das condições nas quais se manifesta tudo o que tem uma existência visível, sob um regime de luz. Ele não faz uma história das instituições, mas das condições nas quais elas integram relações diferenciais de forças, no horizonte de um campo social. Ele não faz uma história da vida privada, mas das condições nas quais a relação consigo constitui uma vida privada. Ele não faz uma história dos sujeitos, mas dos processos de subjetivação, sob as dobras que ocorrem nesse campo ontológico tanto quanto social.[46] Certamente, uma coisa perturba Foucault, e é o pensamento. "Que significa pensar? O que se chama pensar?" – a pergunta lançada por Heidegger, retomada por Foucault, é a mais importante de suas flechas. Uma história, mas do pensamento enquanto tal. Pensar é experimentar, é problematizar. O saber, o poder e o si são a tripla raiz de uma problematização do pensamento. E, primeiramente, considerando-se o saber como problema, pensar é ver e é falar, mas pensar se faz no entremeio, no interstício ou na disjunção do ver e do falar. É, a cada vez, inventar o entrelaçamento, lançar uma flecha de um contra o alvo do outro, fazer brilhar um clarão de luz nas palavras,

---

[46] Cf. *UP*, 15. O estudo mais profundo sobre Foucault, a história e suas condições é o de Paul Veyne. "Foucault Révolutionne l'Histoire", *Comment on Ecrit l'Histoire*. Ed. du Seuil (espceialmente sobre a questão dos "invariantes"). (Há tradução brasileira, *in Como se Escreve a História*. Editora da Universidade de Brasília.)

fazer ouvir um grito nas coisas visíveis. Pensar é fazer com que o ver atinja seu limite próprio, e o falar atinja o seu, de tal forma que os dois estejam no limite comum que os relaciona um ao outro separando-os. Demais, em função do poder como problema, pensar é emitir singularidades, é lançar os dados. O que o lance de dados exprime é que pensar vem sempre de fora (esse lado de fora que já era traçado no interstício ou constituía o limite comum). Pensar não é inato nem adquirido. Não é o exercício inato de uma faculdade, mas também não é um *learning* que se constitui no mundo exterior. Ao inato e ao adquirido, Artaud opunha o "genital", a genitalidade do pensamento como tal, um pensamento que vem de um lado de fora mais longínquo que todo mundo exterior, portanto mais próximo que todo mundo interior. Devemos chamar de Acaso esse fora?[47] E, realmente, o lance de dados exprime a relação mais simples de forças ou de poder, aquela relação que se estabelece entre singularidades obtidas ao acaso (os números sobre as faces). As relações de forças, como Foucault as entende, não concernem apenas aos homens, mas aos elementos, às letras do alfabeto em seu sorteio ou acaso, ou mesmo em suas atrações, em suas frequências de agrupamento em cada língua. O acaso só vale para o primeiro lance; talvez o segundo lance se dê em condições parcialmente determinadas pelo primeiro, como numa cadeia de Markov, uma sucessão de reencadeamentos parciais. E é isto o lado de fora: a linha que não para de reencadear as extrações, feitas ao acaso, em mistos de aleatório e de dependência. Pensar assume aqui, então, novas figuras: obter singularidades; reencadear as extrações, os sorteios; e inventar, a cada vez, as séries que vão da vizinhança de uma singularidade à vizinhança de outra. Existem singularidades de todos os tipos, sempre vindas de fora: singularidades de poder, apanhadas em relações de forças; singularidades de resistência, que preparam as mutações; e mesmo singularidades *selvagens*, que ficam suspensas no lado de fora sem entrar em relações nem se deixar integrar... (e somente aí o "selvagem" adquire sentido, não como experiência, mas como o que ainda não entra na experiência).[48]

---

[47] A trindade Nietzsche-Mallarmé-Artaud é invocada, principalmente no fim de *PC*.
[48] Cf. *OD*, 37, onde Foucault invoca uma "exterioridade selvagem" e toma o exemplo de Mendel, que constituía objetos biológicos, conceitos e métodos inassimiláveis pela biologia de sua época. Isso não é nem um pouco contraditório com a ideia de que não há experiência selvagem. Não há, porque toda experiência já supõe relações de saber e relações de poder. Ora, precisamente. as singularidades selvagens são repelidas para

Todas estas determinações do pensamento já são figuras originais de seu ato. E durante muito tempo Foucault não acreditou que pensar pudesse ser outra coisa além disso. Como o pensar poderia inventar uma moral, se o pensamento não pode encontrar nada em si mesmo, exceto esse lado de fora do qual provém e que reside nele como "o impensado"? Esse *Fiat!* que destitui preliminarmente todo imperativo.[49] Entretanto, Foucault pressente a emergência de uma estranha e última figura: se o lado de fora, mais longínquo que todo o mundo exterior, é também mais próximo que todo o mundo interior, isso não será sinal de que o pensamento se afeta a si próprio, descobrindo o lado de fora como o seu próprio impensado? "Ele não pode descobrir o impensado ... sem prontamente aproximá-lo de si, ou talvez ainda sem afastá-lo. sem que o ser do homem, em todo caso, uma vez que ele se desenrola nessa distância, não se veja alterado por isso mesmo".[50] Esta afecção de si, esta convenção do longínquo e do próximo, vai assumir importância cada vez maior, constituindo um *espaço do lado de dentro*, que estará inteiro copresente no espaço do lado de fora, na linha da dobra. O impensado problemático dá lugar a um ser pensante que se problematiza a si próprio, como sujeito ético (em Artaud, é o "genital inato", em Foucault é o encontro de Si e da sexualidade). Pensar é dobrar, é duplicar o fora com um dentro que lhe é coextensivo. A topologia geral do pensamento, que começava já "na vizinhança" das singularidades, se completa agora dobrando- se o lado de fora ao lado de dentro: "no interior do exterior, e inversamente", dizia a *História da Loucura*. Foi possível mostrar que toda organização (diferenciação e integração) supunha a estrutura topológica primeira de um lado de fora e de um lado de dentro absolutos, que induz exterioridades e interioridades relativas intermediárias: todo o espaço do lado de dentro está topologicamente em contato com o espaço do lado de fora, independentemente das distâncias e sobre os limites de um "vivente"; e esta topologia carnal ou vital, longe de ser explicada pelo espaço, libera um tempo que condensa o passado no lado de dentro, faz acontecer o futuro no lado de fora, e os confronta no limite do presente vivente.[51] Foucault não é

fora do saber e do poder, nas "margens", de tal forma que a ciência não pode reconhecê-las: 35-37.
[49] O próprio Husserl invocava no pensamento um *fiat* como lance de dados ou posição do ponto: *Idées...* Gallimard, 414.
[50] *PC.* 338 (e o comentário sobre a fenomenologia de Husserl, 336).
[51] Cf. Simondon. *L'Individu et sa Génèse Physico-Biologique*, PUF, 258.

mais um mero arquivista à Gogol, um cartógrafo à Tchekhov, mas um topologista à maneira de Biély no grande romance *Petersbourg*, que faz da dobra cortical uma conversão do lado de fora e do de dentro: a aplicação da cidade e do cérebro, que não são mais que o inverso um do outro, num segundo espaço. É dessa maneira, que já não deve nada a Heidegger, que Foucault compreende o forro ou a prega. Se o lado de dentro se constitui pela dobra do de fora, há entre eles uma relação topológica: a relação consigo é homóloga à relação com o lado de fora, e os dois estão em contato, intermediado pelos estratos, que são meios relativamente exteriores (portanto, relativamente interiores). É todo o lado de dentro que se encontra ativamente presente no lado de fora sobre o limite dos estratos. O dentro condensa o passado (longo período), em modos que não são de forma alguma contínuos, mas o confrontam com um futuro que vem de fora, trocam-no e recriam-no. Pensar é se alojar no estrato no presente que serve de limite: o que é que posso ver e o que posso dizer hoje? Mas isso é pensar o passado tal como se condensa no dentro, na refação consigo (há um grego em mim, ou um cristão...). Pensar o passado contra o presente, resistir ao presente, não para um retorno, mas "em favor, espero, de um tempo que virá" (Nietzsche), isto é, tornando o passado ativo e presente fora, para que surja enfim algo novo, para que pensar, sempre, suceda ao pensamento. O pensamento pensa sua própria história (passado), mas para se libertar do que ele pensa (presente) e poder, enfim. "pensar de outra forma" (futuro).[52] É o que Blanchot chamava "a paixão do lado de fora", uma força que só tende em direção ao fora porque o próprio fora tornou-se a "intimidade". a "intrusão".[53] As três instâncias da topologia são relativamente independentes e estão constantemente em troca mútua. Cabe aos estratos produzir, incessantemente, camadas que fazem ver ou dizer algo de novo. Mas também cabe à relação com o fora colocar novamente em questão as forças estabelecidas e, finalmente, cabe à relação consigo chamar e produzir novos modos de subjetivação. A obra de Foucault entra na corrente das grandes obras que alteraram, para nós, o que significa pensar.

"Nunca escrevi senão ficções..." Mas nunca a ficção produziu, tanto, verdade e realidade. Como poderíamos contar a grande ficção de Foucault? O mundo é feito de superfícies superpostas, arquivos ou

---

[52] Cf. *UP*, 15.
[53] Blanchot, *L'Entretien Infini*, 64-66.

DIAGRAMA DE FOUCAULT

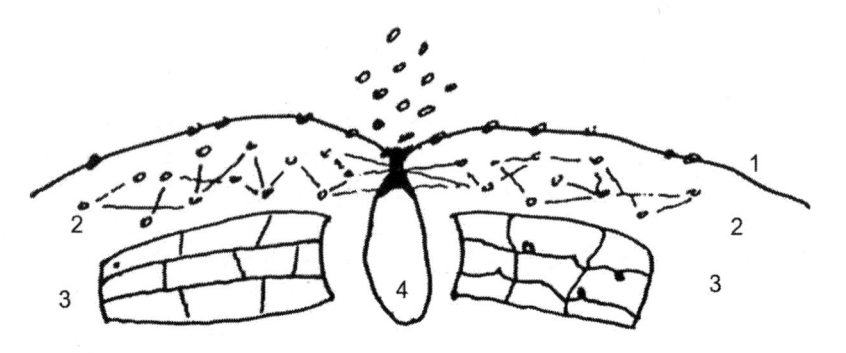

1. Linha do lado de fora
2. Zona estratégica
3. Estratos
4. Dobra (zona de subjetivação)

estratos. Por isso o mundo é saber. Mas os estratos são atravessados por uma fissura central, que reparte de um lado os quadros visuais, de outro, as curvas sonoras: o enunciável e o visível em cada estrato, as duas formas irredutíveis do saber. Luz e Linguagem, dois vastos meios de exterioridade onde se depositam, respectivamente, as visibilidades e os enunciados. Nós estamos, então, presos num duplo movimento. Penetramos de estrato em estrato, de faixa em faixa, atravessamos as superfícies, os quadros e as curvas, acompanhamos a fissura, para tentar atingir um interior do mundo: como diz Melville, procuramos uma câmara central, com medo de que ali não haja ninguém, e a alma humana revele um vazio imenso e aterrorizante (quem pensaria em procurar a vida nos arquivos?). Mas, ao mesmo tempo, tentamos subir para cima dos estratos, para atingir um lado de fora, um elemento atmosférico, uma "substância não estratificada" que pudesse explicar como as duas formas do saber podem se agarrar e se entrelaçar em cada estrato, de uma borda a outra da fissura. Senão, como as duas metades do arquivo poderiam se comunicar, e enunciados aparecerem sob os quadros, e quadros ilustrarem os enunciados?

Esse lado de fora informe é uma batalha, é como uma zona de turbulência e de furacão, onde se agitam pontos singulares, e relações de força entre esses pontos. Os estratos apenas recolhiam, solidificavam a poeira visual e o eco sonoro de uma batalha que se travava por cima deles. Mas, em cima. as singularidades não têm forma e não são nem corpos visíveis nem pessoas falantes. Entramos no domínio dos duplos incertos e das mortes parciais, das emergências e dos desvanecimentos (zona de Bichat). É uma microfísica. Nós permanecemos em cima, diz Faulkner, não mais como pessoas, mas como duas falenas ou duas plumas, invisíveis e surdas uma à outra, "no meio das nuvens furiosas e lentamente dissipadas de poeira que nós lançávamos uns aos outros, gritando Morte aos crápulas! Morte! Morte!". A cada estado atmosférico nessa zona corresponde um diagrama das forças ou das singularidades tomadas nas relações: uma estratégia. Se os estratos são da terra, a estratégia é aérea ou oceânica. Mas cabe à estratégia atualizar-se no estrato, cabe ao diagrama atualizar- se no arquivo, à substância não estratificada cabe estratificar- se. Atualizar-se é, ao mesmo tempo, integrar-se e diferenciar- se. As relações de forças informes se diferenciam criando duas formas heterogêneas, a das curvas que passam na vizinhança das singularidades (enunciados) e a dos quadros que as repartem em figuras de luz (visibilidades). E as relações de forças se integram ao mesmo tempo, precisamente nas relações formais entre ambas, de um lado a outro da diferenciação. É que as relações de forças ignoravam a fissura, que só começa embaixo, nos estratos. Elas têm capacidade de aprofundar a fissura atualizando-se nos estratos, mas também de saltar por cima, nos dois sentidos, diferenciando-se sem deixar de se integrar.

As forças vêm sempre de fora, de um fora mais longínquo que toda forma de exterioridade. Por isso não há apenas singularidades presas em relações de forças, mas singularidades de resistência, capazes de modificar essas relações, de invertê-las. de mudar o diagrama instável. E existem até singularidades selvagens, não ligadas ainda, na linha do próprio fora e que borbulham justamente em cima da fissura. É uma terrível linha que mescla todos os diagramas, em cima até dos furacões, a linha de Melville, de duas extremidades livres, que envolve toda a embarcação em seus meandros complicados, que passa, quando chega o momento, por horríveis contorções e arrisca-se sempre a arrastar um homem quando corre solta; ou mesmo a linha de Michaux, "de mil aberrações", de velocidade molecular crescente, "correia do chicote de um carroceiro em fúria". Mas, por mais terrível que seja essa linha, é uma linha de vida que não se mede mais por relações de forças e que transporta o homem para além do terror. Pois, no local da fissura, a linha forma uma fivela, "centro do ciclone, lá onde é possível viver, ou, mesmo, onde está, por excelência, a Vida". É como se as velocidades aceleradas, de pouca duração, constituíssem "um ser lento" sobre uma duração mais longa. É como uma glândula pineal, que não para de se reconstituir variando sua direção, traçando um espaço do lado de dentro, mas coextensivo a toda a linha do lado de fora. O mais longínquo torna-se interno, por uma conversão ao mais próximo: *a vida nas dobras*. É a câmara central, que não tememos mais que esteja vazia, pois o si nela está situado. Aqui. é tornar-se senhor de sua velocidade, relativamente senhor de suas moléculas e de suas singularidades, nessa zona de subjetivação: a embarcação como interior do exterior.

ANEXO

Sobre a morte do homem
e o super-homem

Eis o princípio geral de Foucault: toda forma é um composto de relações de forças. Estando dadas forças, perguntar-se-á então primeiramente com que forças de fora elas entram em relação e, em seguida, qual a forma resultante. Considerem-se forças no homem: força de imaginar, de recordar, de conceber, de querer... Objetar-se-á que tais forças supõem, já, o homem; mas não é verdade, como forma. As forças, no homem, supõem apenas lugares, pontos de aplicação, uma região do existente. O mesmo vale para as forças no animal (mobilidade, irritabilidade...), que não pressupõem ainda nenhuma forma determinada. Trata-se de saber com quais outras forças as forças no homem entram em relação, numa ou noutra formação histórica, e que forma resulta desse composto de forças. Pode-se já prever que as forças, no homem, não entram necessariamente na composição de uma forma-Homem, mas podem investir-se de outra maneira, num outro composto, numa outra forma: mesmo se considerarmos um curto período, o Homem não existiu sempre, e não existirá para sempre. Para que a forma-Homem apareça ou se desenhe é preciso que as forças, no homem, entrem em relação com forças de fora muito especiais.

1) A formação histórica "clássica"

Reconhece-se o pensamento clássico por sua maneira de pensar o infinito. É que toda realidade, numa força, "iguala" a perfeição, sendo, então, elevável ao infinito (o infinitamente perfeito); o resto é limitação, mera limitação. Por exemplo, a força de conceber é elevável ao infinito, de tal modo que o entendimento humano é apenas a limitação de um entendimento infinito. E certamente existem ordens de infinidade bastante diferentes, mas apenas conforme a natureza da limitação que incide sobre esta ou aquela força. A força de conceber pode ser elevada ao infinito diretamente, enquanto a de imaginar é capaz apenas de um infinito de ordem inferior ou derivado. O século XVII não ignora a distinção do infinito e do indefinido, mas faz do indefinido o mais baixo grau do infinito. A questão de saber se a extensão se atribui a Deus, ou não, depende de dividir-se o que nela é realidade e o que é limitação, isto é, da ordem de infinito à qual ela pode ser elevada. Os textos mais característicos do século XVII referem- se então à distinção das ordens de infinidade: o infinito de grandeza e o infinito de pequeneza, segundo Pascal; o infinito por si, o infinito por causa de si e o infinito entre limites, segundo Espinosa; todos os infinitos de Leibniz... O pensamento clássico certamente não é um pensamento sereno e dominador: ele não para de se perder no infinito; como diz Michel Serres, perde todo centro e todo território, angustia-se tentando fixar o lugar do finito entre todos esses infinitos, quer pôr ordem no infinito.[1]

Em suma, as forças no homem entram em relação com forças de elevação ao infinito. Estas são, justamente, forças de fora, já que o homem é limitado e não pode dar conta dessa potência mais perfeita que o atravessa. Por isso, o composto das forças no homem, por um lado, e, por outro, das forças de elevação ao infinito que elas enfrentam, não é uma forma- Homem, mas a forma-Deus. Objeta-se que Deus não é composto, que ele é unidade absoluta, insondável. É verdade, mas a forma-Deus é composta, para todos os autores do século XVII. Ela é composta, precisamente, por todas as forças diretamente eleváveis ao infinito (ora entendimento e vontade, ora pensamento e extensão, etc.). Quanto às outras forças que só são eleváveis por causa de si, ou entre limites, também se apegam à forma-Deus, não por essência, mas por consequência, a ponto de se poder tirar de cada uma delas uma prova da existência de Deus (prova cosmológica, físico-teleológica...). Assim, na formação histórica clássica, as forças no homem entram em relação com forças de fora de tal modo que o composto é a forma-Deus, nunca uma forma-Homem. Esse é o mundo da representação infinita.

Nas ordens derivadas, trata-se de encontrar o elemento que, não sendo infinito por si, pode contudo ser desenvolvido até o infinito e por isso entra num quadro, numa série ilimitada, num *continuum* prolongável. É o signo das cientificidades clássicas, ainda no século XVIII: o "caráter" para os seres vivos, a "raiz" para as línguas, o dinheiro (ou a

---

[1] Serres, *Le Système de Leibniz*. PUF, II, 648-657.

terra) para as riquezas,[2] Tais ciências são gerais, o geral indicando uma ordem de infinidade. Por isso não há biologia no século XVII, mas uma história natural que só forma um sistema se organizando em série; não há economia política, mas uma análise das riquezas; não há filologia ou linguística, mas uma gramática geral. As análises de Foucault vão detalhar esses três aspectos e encontrar neles, fundamentalmente, os locais de um recorte dos enunciados. De acordo com o seu método, Foucault expõe um "solo arqueológico" do pensamento clássico, que faz surgirem afinidades inesperadas, mas que, também, destrói filiações muito esperadas. Evitará, por exemplo, fazer de Lamarck um precursor de Darwin: pois, se é verdade que a genialidade de Lamarck consistiu em introduzir, de diversas maneiras, uma historicidade nos seres vivos, por outro lado ele o fez partindo ainda do ponto de vista da série animal, e para salvar essa ideia de série, ameaçada por novos fatores. Ao contrário de Darwin, Lamarck pertence ao "solo" clássico.[3] O que define esse solo, o que constitui esta grande família de enunciados ditos clássicos, funcionalmente, é esta operação de desenvolvimento ao infinito, de formação de *continuums*, de desdobramento de quadros: desdobrar, sempre desdobrar – "explicar". O que é Deus, senão a explicação universal, o desdobramento supremo? O *desdobramento* aparece aqui como um conceito fundamental, o primeiro aspecto de um pensamento operatório que se encarna na formação clássica. Daí a frequência da palavra "desdobramento" em Foucault. Se a clínica pertence a esta formação, é porque ela consiste em desdobrar os tecidos sobre "regiões de duas dimensões" e em desenvolver os sintomas em série, cujas composições são infinitas.[4]

2) A formação histórica do século XIX

A mutação consiste nisto: as forças no homem entram em relação com novas forças de fora, que são forças de finitude. Essas forças são a Vida, o Trabalho e a Linguagem: tripla raiz da finitude, que vai provocar o nascimento da biologia, da economia política e da linguística. E certamente nos habituamos a essa mutação arqueológica: frequentemente se

---

[2] PC. caps. IV, V, VI.
[3] PC, 243. Os estudos exemplares de Daudin sobre *Les classes zoologiques et l'Idée de série animale* (As classes zoológicas e a ideia de série animal) já mostraram como a classificação na idade clássica se desenvolvia segundo séries.
[4] NC, 119, 138.

faz remontar a Kant uma tal revolução em que a "finitude constituinte" vem substituir o infinito originário.⁵ Que a finitude seja constituinte, o que haveria de mais incompreensível para a idade clássica? Foucault, todavia, traz para esse esquema um elemento bastante novo: enquanto nos diziam apenas que o homem toma consciência de sua própria finitude, sob causas historicamente determináveis, Foucault insiste na necessidade de introduzir dois momentos bem distintos. É preciso que a força do homem comece a enfrentar e agarrar as forças da finitude enquanto forças de fora: é fora de si que ela deve se chocar com a finitude. Em seguida, e só em seguida, num segundo tempo, ela passa a vê-las como sua própria finitude, ela toma necessariamente consciência delas como de sua própria finitude. O que significa dizer que só quando as forças no homem entram em relação com forças de finitude vindas de fora, só então, o conjunto das forças compõem a forma-Homem (e não mais a forma-Deus). *Incipit Homo.*

É nesse ponto que o método de análise dos enunciados se revela uma microanálise, distinguindo dois tempos ali onde só se via um.⁶ O primeiro tempo consiste nisto: alguma coisa vem romper as séries, fraturar os *continuuns*, que não podem mais se desenvolver na superfície. É como o advento de uma nova dimensão, uma profundeza irredutível, que vem ameaçar as ordens da representação infinita. Com Jussieu, Vicq d'Azir e Lamarck, a coordenação e a subordinação dos caracteres numa planta ou num animal, em suma, uma força de organização vem impor uma repartição de organismos que não podem mais ser alinhados, mas tendem a se desenvolver cada um por sua conta (e a anatomia patológica acentua essa tendência ao descobrir uma profundeza orgânica ou um "volume patológico"). Com Jones, uma força de flexão vem alterar a ordem das raízes. Com Adam Smith, uma força de trabalho (o trabalho abstrato, o trabalho qualquer, que não é mais tomado sob esta ou aquela qualidade) vem alterar a ordem das riquezas. Não que a organização, a flexão, o trabalho tenham sido ignorados pela idade clássica. Mas eles desempenhavam o papel de limitações, que não impediam que as

---

⁵ Esse tema encontrou sua expressão mais desenvolvida no livro de Vuillemin, *L'Héritage Kantien et la Révolution Copernicienne*, PUF.
⁶ Em *PC*, Foucault lembra constantemente a necessidade de distinguir dois tempos, mas estes não são sempre definidos da mesma forma: às vezes, num sentido restrito, são as coisas que recebem primeiramente uma historicidade própria e o homem se apropria dessa historicidade num segundo tempo (380-381); outras vezes, num sentido mais amplo, são as "configurações" que mudam primeiro, depois o seu "modo de ser" (233).

qualidades correspondentes fossem elevadas ao infinito ou se desdobrassem ao infinito, ainda que apenas em direito. Agora, porém, eles se libertam da qualidade, para aprofundar algo inqualificável, impossível de se representar e que tanto é a morte dentro da vida, quanto o esforço e a fadiga no trabalho, ou a gagueira e afasia na linguagem. Até mesmo a terra vai descobrir a avareza que é de sua essência, e deixar a sua aparente ordem de infinidade.[7]

Então tudo está pronto para o segundo momento, para uma biologia, para uma economia política, para uma linguística. Basta que as coisas, os seres vivos e as palavras *recuem* (*replient*) para esta profundeza como nova dimensão, que eles *se rebatam* sobre as forças da finitude. Não há mais apenas força de organização na vida, mas planos de organização espaço-temporais, irredutíveis entre si, segundo os quais os seres vivos se disseminam (Cuvier). Não há mais apenas força de flexão na linguagem, mas planos segundo os quais as línguas afixas ou de flexão se distribuem, e nos quais a suficiência das palavras e das letras dá lugar às inter-relações sonoras, a própria linguagem não se definindo mais por suas designações e significações, mas remetendo a "quereres coletivos" (Boop, Schlegel). Não há mais apenas força de trabalho produtor, mas condições de produção segundo as quais o próprio trabalho se rebate no capital (Ricardo), antes que apareça o inverso, o rebater-se do capital no trabalho extorquido (Marx). Em todos os campos o comparado substitui o geral, tão caro ao século XVII: uma anatomia comparada, uma filologia comparada, uma economia comparada. Em todos os campos, é a *dobra* que domina agora, seguindo a terminologia de Foucault, o segundo aspecto do pensamento operatório que se encarna na formação do século XIX. As forças do homem se rebatem ou se dobram sobre esta nova dimensão de finitude em profundeza, que se torna então a finitude do próprio homem. A dobra, costuma repetir Foucault, é o que constitui uma "espessura", assim como um "oco" (*creux*).

Para entender melhor como a dobra se torna categoria fundamental, basta interrogar o nascimento da biologia. Tudo o que nele encontramos dá razão a Foucault (o que vale também para outros domínios). Quando Cuvier distingue quatro grandes ramificações, não define generalidades mais vastas do que os gêneros e as classes, mas, ao contrário, fraturas que vão impedir qualquer *continuum* de espécies de se agrupar em termos de crescente generalização. As ramificações ou planos de organização

---

[7] *PC*, 268.

colocam em jogo eixos, orientações, dinamismos, segundo os quais o ser vivo se dobra de tal ou qual maneira. É por isso que a obra de Cuvier se prolonga na embriologia comparada de Baer, de acordo com as dobras dos folhetos germinativos. E, quando Geoffroy Saint-Hilaire opõe aos planos de organização de Cuvier a ideia de um único e mesmo plano de composição, é ainda um método de dobradura que ele invoca: passar--se-á do vertebrado ao cefalópode, se aproximarmos as duas partes da espinha das costas de um vertebrado, se levarmos a cabeça em direção aos pés, a bacia em direção à nuca...[8] Se Geoffroy pertence ao mesmo "solo arqueológico" que Cuvier (conforme o método de análise dos enunciados de Foucault) é porque ambos invocam a dobra, um como uma terceira dimensão que torna impossível a passagem em superfície de um tipo a outro, o outro como uma terceira dimensão que opera as passagens em profundidade. Além disso, Cuvier, Geoffroy e Baer têm em comum o fato de resistirem ao evolucionismo. Mas Darwin baseará a seleção natural na vantagem que o ser vivo mostre, num meio dado, para fazer divergirem os caracteres e aprofundarem-se as diferenças. É por se dobrarem de diversas maneiras (tendência a divergir) que um máximo de seres vivos poderão sobreviver num mesmo lugar. Dessa forma, Darwin pertence ainda ao mesmo solo que Cuvier, em oposição a Lamarck, na medida em que funda o seu evolucionismo na impossibilidade da instauração de uma convergência e na exclusão de um *continuum* serial.[9]

Se a dobra e o desdobramento não inspiram só as concepções de Foucault, mas o seu próprio estilo, é porque constituem uma arqueologia do pensamento. Talvez não nos surpreendamos tanto que Foucault encontre Heidegger precisamente nesse terreno. Trata-se mais de um encontro do que de uma influência, na medida em que a dobra e o desdobramento têm em Foucault uma origem, uso e destinação bem diferentes dos de Heidegger. Segundo Foucault, trata-se de uma relação de forças, em que as forças regionais enfrentam ora forças de elevação ao infinito (desdobramento), de maneira a constituir uma forma-Deus, ora forças de finitude (dobra), de maneira a constituir uma forma-Homem.

[8] Geoffroy Saint-Hilaire, *Principes de Philosophie Zoologique* (que contém a polêmica com Cuvier sobre a dobradura).
[9] Sobre a grande "ruptura" operada por Cuvier. Lamarck pertencendo ainda à história natural clássica, enquanto Cuvier torna possível uma História do ser vivo que se manifestará com Darwin: *PC*, 287-289 e 307 ("o evolucionismo constitui uma teoria biológica, cuja condição de possibilidade foi uma biologia sem evolução – a de Cuvier").

É uma história mais nietzscheana do que heideggeriana, uma história entregue a Nietzsche, ou à *vida*. "Só há ser porque há vida ... A experiência da vida apresenta-se pois, como a lei mais geral dos seres ... mas essa ontologia desvela menos o que funda os seres do que o que os leva, por um instante, a uma forma precária ...".[10]

3) Rumo a uma formação do futuro?

É evidente que toda forma é precária, pois depende das relações de forças e de suas mutações. É desfigurar Nietzsche, fazê-lo o pensador da morte de Deus. Feuerbach foi o último pensador da morte de Deus: ele mostra que, jamais sendo Deus mais que o desdobramento do homem, o homem deve dobrar e redobrar Deus. Mas, para Nietzsche, essa é uma velha história; e, como as velhas histórias têm como característica multiplicar suas variantes; Nietzsche multiplica as versões da morte de Deus, todas cômicas ou humorísticas, como variações, sobre um fato adquirido. Mas o que lhe interessa é a morte do homem. Enquanto Deus existe, isto é, enquanto funciona a forma-Deus, o homem ainda não existe. Mas, quando a forma-Homem aparece, ela, necessariamente, já compreende a morte do homem, de três maneiras pelo menos. Por um lado, onde o homem poderia encontrar o fiador de uma identidade, na ausência de Deus?[11] Por outro lado, a própria forma-Homem só se constitui nas dobras da finitude: ela coloca a morte dentro do homem (e, como já vimos, menos à maneira de Heidegger que à maneira de Bichat, que pensava a morte ao modo de uma "morte violenta").[12] Enfim, as próprias forças da finitude fazem com que o homem só exista através da disseminação, dos planos de organização da vida, da dispersão das línguas, da disparidade dos modos de produção, que implicam que a

---

[10] *PC*, 291 (esse texto, que vem a propósito da biologia do século XIX, parece-nos ter um alcance maior e exprimir um aspecto constante do pensamento de Foucault).
[11] É o ponto no qual insiste Klossowski em *Nietzsche et le Cercle Vicieux*, Mercure de France.
[12] É Bichat, como vimos, que rompe com a concepção clássica da morte, enquanto instante decisivo indivisível (a fórmula de Malraux, retomada por Sartre, a morte é que "transforma a vida em destino", pertence ainda à concepção clássica). As três grandes novidades de Bichat são: colocar a morte como coextensiva à vida, fazer dela o resultado global de mortes parciais e, sobretudo, tomar como modelo a "morte violenta" em lugar da "morte natural" (sobre as razões para esse último ponto. cf. *Recherches Physiologiques sur la Vie et la Mort*, Gauthier-Villars, 160- 166). O livro de Bichat é o primeiro ato de uma concepção moderna da morte.

única "crítica do conhecimento" seja uma "ontologia do aniquilamento dos seres" (não só a paleontologia, mas também a etnologia).[13] Mas o que quer dizer Foucault quando diz, a respeito da morte do homem, que não há por que chorar?[14] Com efeito, essa forma tem sido boa? Será que ela soube enriquecer ou mesmo preservar as forças no homem, a força de viver, a força de falar, a força de trabalhar? Será que ela poupou aos homens existentes a morte violenta? A questão sempre retomada é, então, esta: se as forças no homem só compõem uma forma entrando em relação com as forças do lado de fora, com quais novas forças elas correm o risco de entrar em relação agora, e que nova forma poderia advir que não seja mais nem Deus nem o Homem? Esta é a colocação correta do problema que Nietzsche chamava "o super-homem".

É um problema em relação ao qual só podemos nos contentar com indicações bastante discretas, sob pena de cairmos na história em quadrinhos. Foucault é como Nietzsche, ele só pode indicar esboços, no sentido embriológico, ainda não funcionais.[15] Nietzsche dizia: o homem aprisionou a vida, o super-homem é aquele que libera a vida *dentro do próprio homem*, em proveito de uma outra forma... Foucault dá uma indicação muito curiosa: se é verdade que a linguística do século XIX humanista se constitui com base na disseminação das línguas, como condição de um "nivelamento da linguagem" a título de objeto, ao mesmo tempo esboçou-se um contragolpe, na medida em que a literatura assumia uma função completamente nova, que consistia, *ao contrário*, em "reunir" a linguagem, em fazer valer um "ser da linguagem" para além do que ele designa e significa, para além dos próprios sons.[16] O que é curioso é que aqui, em sua bela análise da literatura moderna, Foucault dá à linguagem um privilégio que ele recusa à vida e ao trabalho: ele pensa que a vida e o trabalho, apesar de sua dispersão concomitante à da linguagem, não perderam a capacidade de reunir o seu ser.[17] Parece-nos, entretanto, que, em sua dispersão respectiva, o trabalho e a vida só puderam se reunir – cada um deles – numa espécie de descolamento face à economia ou

---

[13] Cf. *PC*, 291.
[14] *QA*, 101: "contenhamos as lágrimas ...".
[15] *PC*, 397-398.
[16] *PC*, 309, 313, 316-318, 395-397 (sobre os caracteres da literatura moderna como "experiência da morte .... do pensamento impensável ... da repetição ... da finitude...").
[17] Sobre os motivos dessa situação especial da linguagem segundo Foucault. – *PC*, por um lado, 306-307, por outro lado, 315-316.

à biologia, exatamente como a linguagem só pôde aceder à reunião ao descolar-se a literatura da linguística. Foi preciso que a biologia saltasse para a biologia molecular, ou que a vida dispersa se reunisse no código genético. Foi preciso que o trabalho dispersado se reunisse nas máquinas de terceira geração, cibernéticas ou informáticas. Quais seriam as forças em jogo, com as quais as forças do homem entrariam então em relação? Não seria mais a elevação ao infinito, nem a finitude, mas um finito-ilimitado, se dermos esse nome a toda situação de força em que um número finito de componentes produz uma diversidade praticamente ilimitada de combinações. Não seria nem a dobra nem o desdobramento que constituiriam o mecanismo operatório, mas algo como *superdobra*, que vemos nas dobras características das cadeias do código genético, nas potencialidades do silício nas máquinas de terceira geração, assim como nos contornos da frase na literatura moderna, quando à linguagem "nada resta senão recurvar-se num perpétuo retorno sobre si". Esta literatura moderna que escava uma "língua estranha em sua língua" e, através de um número ilimitado de construções gramaticais superpostas, tende a uma expressão atípica, agramatical, como que visando ao fim da linguagem (poderíamos citar, entre outros e a título de exemplo, o livro de Mallarmé, os ensaios de Péguy, os sopros de Artaud, as agramaticalidades de Cummings, as dobraduras de Burroughs, *cut-up* e *fold-in*, mas também as proliferações de Roussel, as derivações de Brisset, as colagens de Dada...). E o finito-ilimitado, ou a superdobra, não é o que Nietzsche já delineava sob o nome de eterno retorno?

As forças no homem entram em relação com forças de fora, as do silício, que se vinga do carbono, as dos componentes genéticos, que se vingam do organismo, as dos agramaticais que se vingam do significante. Em todos esses aspectos, seria preciso estudar as operações de superdobra, da qual a "dupla hélice" é o exemplo mais conhecido. O que é o super-homem? É o composto formal das forças no homem com essas novas forças. É a forma que decorre de uma nova relação de forças. O homem tende a liberar *dentro de si* a vida, o trabalho e a linguagem. O super-homem é, segundo a fórmula de Rimbaud, o homem carregado dos próprios animais (um código que pode capturar fragmentos de outros códigos, como nos novos esquemas de evolução lateral ou retrógrada). É o homem carregado das próprias rochas, ou do inorgânico (lá onde reina o silício). É o homem carregado do ser da linguagem (dessa "região informe, muda, não significante, onde a linguagem pode liberar-se", até mesmo daquilo que ela tem a dizer).[18] Como diria Foucault, o super-homem é muito menos que o desaparecimento dos homens existentes e muito mais que a mudança de um conceito: é o surgimento de uma nova forma, nem Deus, nem o homem, a qual, esperamos, não será pior que as duas precedentes.

---

[18] *PC*, 395. A carta de Rimbaud não invoca apenas a linguagem ou a literatura, mas os dois outros aspectos; o homem do futuro é encarregado da língua nova. mas também dos próprios animais e do informe (A Payl Demeny, Plêiade, 255).

Sobre o autor

Hélène Bamberger

Gilles Deleuze (Paris, 1925) é crítico, filósofo e autor dos seguintes livros:

Pela Editions de Minuit: *Cinema: Imagem-movimento* (*Cinéma 1 – L'image mouvement*, 1983, Brasiliense, 1985), *Cinema: Imagem-tempo* (*Cinéma 2 – L'image-temps*, 1985), *Présentation de Sacher Masoch* (1967), *Spinoza et le Problème de L'Expression* (1968), *Logique du Sens* (1969), *Spinoza – Philosophie pratique* (1981), e em colaboração com Félix Guattari: *L'Anti-Oepdipe* (1972), *Kafka – Pour une littérature mineure* (1975), *Rhizome* (1976) e *Mille Plateaux* (1980). Em colaboração com Carmelo Bene publicou *Superpositions* (1979).

Pela Presses Universitaires de France (P.U.F.) tem publicados: *Empirisme et Subjectivité* (1953), *Nietzsche et la Philosophie* (1962), *La Philosophie de Kant* (1963), *Marcel Proust et les Signes* (1964), *Nietzsche* (1965), *Le Bergsonisme* (1966) e *Différence et Répétition* (1969).

Ainda seus são *Dialogues* (em colaboração com Claire Pamet e publicado pelas Éditions Flammarion, 1977) e *Francis Bacon: Logique de la Sensation* (Éditions de la Différence, 1981).